少年读 全景

中华上下五千年

⑥ 明清王朝

廖志军 ◎ 编著

四川教育出版社
·成都·

图书在版编目（CIP）数据

少年读全景中华上下五千年. 6，明清王朝 / 廖志军
编著 . — 成都：四川教育出版社，2021.10
　　ISBN 978-7-5408-7787-3

　　I. ①少…　II. ①廖…　III. ①中国历史—明清时代—
少年读物　IV. ① K209

中国版本图书馆 CIP 数据核字（2021）第 185037 号

SHAONIAN DU QUANJING ZHONGHUA SHANGXIA WUQIAN NIAN 6 MINGQING WANGCHAO

少年读全景中华上下五千年 6 明清王朝

廖志军　编著

出 品 人	雷　华
责任编辑	任　舸
责任校对	宋笑颖
封面设计	路炳男
版式设计	闫晓玉
责任印制	田东洋
出版发行	四川教育出版社
	地　　址　成都市黄荆路 13 号
	邮政编码　610225
	网　　址　www.chuanjiaoshe.com
印　　刷	德富泰（唐山）印务有限公司
制　　作	闫晓玉
版　　次	2021 年 12 月第 1 版
印　　次	2021 年 12 月第 1 次印刷
成品规格	188mm × 245mm
印　　张	9
书　　号	ISBN 978-7-5408-7787-3
定　　价	168.00 元（全 6 册）

如发现印装质量问题，影响阅读，请与本社联系。总编室电话：（028）86365120
编辑部电话：（028）86365129

大权在握，整饬朝纲
一条鞭法的推行
人亡而政息

大清王朝
末代封建王朝的兴衰史

少年读全景中华上下五千年 6

—— 明清王朝 ——

大明王朝///集权与裂变中的王朝

公 元 1 3 6 8 年 ~ 公 元 1 6 4 4 年

〉〉〉朱元璋在应天称帝，国号大明，建元洪武，立马氏为皇后。同年，明军攻入大都，改其名为北平府，元朝灭亡。

1368年

元朝末年，皇室内部斗争激烈，朝廷统治愈加腐朽，人民生活在水深火热之中。随着阶级矛盾和民族矛盾的不断激化，不堪重负的人民揭竿而起……在元末农民起义中脱颖而出的朱元璋，历经十六年的征战，最终推翻了腐朽的元朝，建立了明朝。朱元璋也由此成为中国历史上继汉高祖刘邦之后第二位平民出身的大一统王朝的开国皇帝。他在位期间，曾废除行中书省、设三司，废除丞相、设立锦衣卫，功过难断，世人对其看法不一。此外，市井中还流传着许多关于他的逸闻趣事。可以说，朱元璋是中国历史上最富传奇色彩、最具争议的皇帝之一。

公元1368年~公元1644年
////////////大明王朝////////////
和尚皇帝朱元璋

友。后来，徐达、汤和、周德兴等人与朱元璋一起东征西讨，为建立明朝立下了赫赫战功。

1344年，朱元璋的家乡突然发生了一场瘟疫，由于疫情严重，其家人先后死去。为了生活，朱元璋只好去附近的皇觉寺出家做和尚。后来，由于皇觉寺里的粮食不够吃了，主持法师便打发所有和尚出去云游化缘，朱元璋也只得离开寺院托钵流浪。他曾在淮西周边乞讨漂泊，其间，他眼界大开，谙熟了当地的风俗人情，为日后领兵征战发挥了很大帮助。1351年，红巾军起义爆发，濠州的郭子兴等人奋起响应。在幼时伙伴汤和的引见下，朱元璋前往濠州投靠郭子兴，加入到抗击元朝暴虐统治的队伍中。

布衣出身，弃寺投军

朱元璋，籍贯濠州（今安徽凤阳）钟离太平乡，祖上世世代代都是农民。朱元璋原名重八，在家中排行第八。他自幼机智聪慧，有主意，有头脑，又勇于承担责任，因此很受小伙伴们的喜爱。朱元璋还念过私塾，后来因家境贫困而无奈地中止了学业，到地主家放牛去了。在放牛期间，他认识了徐达、汤和、周德兴等人，彼此成了好朋

将帅之才，声名远播

朱元璋骁勇善战、聪明伶俐，且略懂文书，从军后很快就受到了郭子兴的赞赏，被调至帅府做事，并被委以亲兵九夫长之职。朱元璋办事能力强，他率兵打仗时常常一马当先，并将所得的战利品悉数交给元帅郭子兴。他获得奖赏后，也常常同众人一起分享。没过多长时

◀朱元璋像

朱元璋建立了全国统一的封建政权——明朝。他在位期间革新政治，与民休息，发展生产，抗击外侵，并且以极其残酷的法律严惩贪官污吏，推动了社会的发展和进步。

1369年

◎看世界／越南胡氏政权建立　　　◎时间／1400年　　　◎关键词／胡季犛

▲明孝陵神道

1398年，朱元璋病逝，葬于钟山南麓的孝陵，谥号开天行道肇纪立极大圣至神仁文义武俊德成功高皇帝，庙号太祖。

间，他的好名声便在部队中传播开了。郭子兴也将朱元璋当成自己的亲信，凡是有重要的事情都会和他商议。

郭子兴有一个至交——马公，马公去世后，郭子兴收养了他最小的女儿。当时，郭子兴发现朱元璋是个不可多得的人才，料定他日后会大大有利于自己势力的发展，便将养女马氏嫁给朱元璋做妻子。从那时起，军中便改口叫朱元璋为朱公子。因其身份尊贵了，就不可再用以前的小名重八了，郭子兴便给他正式改名为元璋，以国瑞为字。当时濠州城内的红巾军共有五名元帅，其中郭子兴为一派，孙德崖和其他三名元帅为一派，两个派别间存在着很多矛盾。1352年，元军杀害了徐州的红巾军主将芝麻李，芝麻李部下的将领彭大和赵均用便领兵来到濠州，郭子兴和彭大往来密切，而孙德崖等人则极力交结赵均用。赵均用受孙德崖的挑拨、怂恿，将郭子兴绑到孙家进

行了一番暴打后，打算将郭子兴杀死。听到消息后，朱元璋在彭大的支援下，立刻领兵将郭子兴救了回来。此后，两个派别间仇怨更深。

因看到濠州城内众多将领为权力争夺不休，矛盾不止，朱元璋决定凭借自己的力量开创新的局面。于是，他返乡招募兵马。幼时的伙伴徐达、周德兴、郭英等人听闻朱元璋成了红巾军的首领，便陆续投奔而来。朱元璋没用多长时间就招募了七百多名士兵，返回濠州。郭子兴对此甚为欢欣，将朱元璋提升为镇抚。经过连续招募和收编，朱元璋的队伍日益壮大起来。

独掌大权，终成大业

为避免几支部队混在一处生出事端，朱元璋率领部下攻克并占领了定远。然后，他对自己的队伍进行了整编，打算率军南下。在南下滁州的路上，定远的知名人士李善长前来拜见朱元璋，劝他说只要能效仿汉高祖刘邦知人善任，不枉杀无辜，就能迅速平定天下。朱元璋听后深表赞同，便将李善长留下担任幕府的书记，同时叮嘱他把将领间的关系协调好，一起开创伟业。

当朱元璋攻取滁州的时候，郭子兴处处受到赵均用、孙德崖等人的排挤，因此在朱元璋攻占滁州城后不久，郭子兴也赶到了滁州。朱元璋马上把兵权交给了郭子兴。郭子兴见到军纪严明、军容整饬的三万大军，非常高兴。为了解决军粮缺乏的难题，朱元璋于1355年带领汤和等将士一举攻克和州。郭子兴闻讯，立即委任朱元璋做总兵官，命他在和州驻军防守。

在一次外出时，朱元璋见到一个哭泣的小

〉〉〉朱元璋下令设科取士，设乡试、会试和殿试三级，同时规定考试文体通用八股文。

○看世界／土耳其内部混战　　　○时间／1402年　　　○关键词／诸子争位

▼（明）洪武通宝
洪武是明太祖朱元璋的年号。洪武元年（1368），朱元璋命京城（今南京）工部宝源局及各省宝泉局铸行"洪武通宝"。

本将各路农民起义军击败并铲除了元朝残余势力后，朱元璋于1368年在应天（今江苏南京）登基称帝，建立了全国统一的封建统治政权，定国号为大明，年号为洪武。

朱元璋统治初期，阶级矛盾、民族矛盾和统治阶级内部各集团间的矛盾错综复杂。为了缓和这些矛盾，他推行了抵御外侵、改革政治、重视生产、稳定民生等众多对社会进步有利的政策和措施。但是，朱元璋生性多疑，担心有功之臣觊觎皇权，为了加强君主专制的中央集权统治，他从明初起便极力强化对政治、经济、军事、思想等方面的控制，后来终于引发了明中期之后新兴思潮和旧势力的斗争。

孩，便问小孩为何啼哭，小孩回答说在等他的父亲。经过仔细询问后，朱元璋才知道，原来那小孩的父母都在军营里，父亲在营里喂养马匹，夫妻二人不敢相认，只能假称兄妹。朱元璋觉察到一定是在他们攻占城池之后，有兵士寻衅滋事、搅扰民众、劫掠妇女，朱元璋担心长此以往，部队将失掉民心。因此，他将诸将召集起来，重申纪律，并命令将军营里的有夫之妇送还，使城中众多被拆散的夫妇得以团聚。这件事被人们交相传颂，朱元璋及其部队也因此更受民众的拥戴。

1355年，刘福通将红巾军领袖韩山童的儿子韩林儿从武安山中接出来，并拥戴其做了皇帝，称其为小明王，定国号为宋，以龙凤为年号。郭子兴因病去世后，小明王韩林儿委任郭子兴之子郭天叙做都元帅，部将张天佑担任右副元帅，朱元璋担任左副元帅。没过多长时间，张天佑和郭天叙都死于战场，朱元璋便当了大元帅，郭子兴以前的军队都由他调遣。

此后，朱元璋因屡建战功而不断被提升，于1361年被封为吴国公，1364年被推举为吴王。在基

▲泉州开元寺
关于建文帝的下落，有一种说法认为建文帝从宫中逃出后来到了福建泉州开元寺，隐匿寺中，后来乘坐阿拉伯商人的货船，去了印度尼西亚的苏门答腊岛，并在那里隐居。

1376年

率军攻打至浙东时，朱元璋两次向隐居青田的刘基发出邀请。刘基经过深思熟虑之后，决定出山辅佐朱元璋，希望以此来实现自己"治国平天下"的宏伟大志。与当年诸葛亮"隆中对"相似，刘基初次与朱元璋相见，就提出了著名的"时务十八策"。朱元璋欣喜不已，从此将刘基视为自己的心腹和军师。得到刘基辅助的朱元璋如虎添翼，迅速推翻元朝，统一全国，建立了大明王朝。功成名就后的刘基主动告老还乡隐居。然而，和中国古代许多辅佐君王成就大业的人一样，他最终也没能逃过兔死狗烹的命运。

公元1368年~公元1644年
////////////大明王朝////////////
"张良再世"刘基

难以被重用，他的建议常常无法被朝廷采纳。在十几年的仕途中，他多次遭受排挤和贬斥。所以，刘基对元朝非常失望，前后三次愤然请辞，返回故乡青田过起了退隐的生活。

天赋异禀隐青田

生于1311年的刘基，字伯温。他是浙江青田九都南田山武阳村人，因此地曾属处州府青田县，所以当时人们叫他刘青田。

刘基从小天资聪慧，机智过人。他自幼便喜欢学习和思考，爱好读书，时常钻研有关天文、地理、兵法的书籍，并深有领悟。他有很强的记忆力，能过目不忘，且文采出众，文章超凡脱俗，被赞为神童。他十四岁时入郡庠学习《春秋》，十七岁时拜处州名士郑复初为师学习宋明理学。由于天赋异禀，再加上后天勤奋，刘基在年轻时便被誉为江浙地区的才子，深受世人关注。

1333年，年仅二十三岁的刘基考中了进士，从此走上仕途。刘基起初期望效命于元朝政府，以为官来实现个人的宏伟理想。在他考中进士后被委任为江西高安县丞。他做官廉洁耿直，然而在异常腐朽的元朝末期，耿直公正的守法之人却

▲南京明故宫遗址
南京明故宫是明朝早期的皇宫，在今南京市中山路南北两侧。它曾作为明初洪武、建文、永乐三代皇宫。

▲刘基墓
刘基墓，史称诚意伯墓，位于浙江文成县南田区西湖乡西陵村夏山，为简朴的土墓。

出山辅佐成帝业

　　在刘基退隐青田时，全国各地反元起义的声势日益浩大。刘基坐看天下局势，经观察分析，发现在这些起义军里，出身布衣的朱元璋最具帝王之气，他断定：推翻元朝、夺取天下的只能是朱元璋率领的红巾军。

　　1360年，朱元璋邀请退隐青田的刘基当他的谋士。经过仔细斟酌，刘基最终决定出山帮助朱元璋争夺江山，期望以此实现自己治理国家、平定天下的远大抱负。与刘基相见后，朱元璋非常欣喜，把刘基当作自己的亲信和军师，不管有何军政要事，都与他一同商议。

　　才识超群的刘基出山后，对朱氏政权一片赤胆忠心，全心全意为朱元璋拟定计谋策略。先灭陈友谅，再灭张士诚，然后北向中原，一统天下，就是他为朱元璋制订的战略方针。朱元璋也基本上依从了刘基制订的战略和战术。朱元璋先采用刘基诱敌深入的计策挫败了陈友谅，后于1363年在鄱阳湖和陈军进行了殊死一战，大获全胜，完全铲除了陈友谅的势力。接着，朱元璋又按照刘基的计策灭除了张士诚的势力。之后，为攻取元大都，朱元璋派部队北上，并计划于南方称帝。

　　朱元璋于1368年在应天称帝，改年号为洪武，明朝由此正式建立。智谋过人的刘基为朱元璋最终平息天下、创立朱明皇朝作出了突出贡献，他既获得了同僚、下属的敬佩，也获得了朱元璋的信赖与器重。在朱元璋看来，刘基就像西汉初年的张良辅佐刘邦一样，辅佐了自己。民间还有

▲《乾象会占》书影

《乾象会占》是刘刘基生前所著的一部星占学专著，全书共十二册。

"上有诸葛孔明，下有刘基伯温"之说。作为开国元勋之一，刘基被朱元璋委任为御史中丞兼太史令。此外，明太祖朱元璋还下令免加刘基故乡青田县的租税，以此来表示对刘基杰出贡献与显赫功勋的嘉奖。

　　刘基于1370年被委任为弘文馆学士，被封为诚意伯，享受俸禄二百四十石。这时刘基的为官之路和刘氏家族的发展已经进入了最辉煌的阶段。

劫难难逃忧愤死

　　但是，文韬武略、才华卓绝的刘基并非出色的政治家。他知道自己耿直刚毅、憎恨奸恶的性格冒犯了不少同僚和官高势大之人，而且他对"伴君如伴虎"之理也深有体会。所以，刘基在功成名就之后，作出了退隐的决定，他在1371年主动请辞，返回故乡。

1381年

▲（明）八仙庆寿挂屏——西王母乘凤返瑶池图（绣品）

绫本。这是八仙庆寿挂屏十二轴之一，五彩线绣西王母乘坐彩凤，手捧蟠桃从天而来。人物表情自然祥和，彩凤神态飘逸，构图简约而富有创意。

然而，刘基过高的才智和声誉，使得他在民间甚至被当作神仙来看待，这无疑会遭到政敌的忌恨，也会引起皇帝的疑心。在刘基度过两年的隐居生活之后，他的政敌胡惟庸于1373年做了左丞相。胡惟庸唆使他人诬陷刘基，说他居心叵测，打算强行占有一块"有王气"的土地做自己的坟墓。明太祖朱元璋早就怀疑刘基有所图谋，在听信谗言后果真将刘基的薪俸取消了。这让刘基愈加惊慌失措、心神不宁，他便亲自奔赴南京向朱元璋请罪。可是朱元璋见到他后，完全不提这件事，这让刘基既无法申辩，也不敢贸然离京回乡。之后，胡惟庸被提升为右丞相，刘基愈加惶惶不安，不久就病倒了。

染病的刘基于1375年被明太祖朱元璋派人送回家中，没过多久就忧愤而死。

据说刘基在南京时，胡惟庸曾安排太医为他看病开药，可是刘基吃完药后，病情反倒变得更加严重了。所以那时的人们猜测刘基是被胡惟庸毒死的。

有人说，刘基死前曾预言胡惟庸他日必将败落，那时明太祖自会为他洗雪冤屈，他还专门写了一封密奏交给儿子，让其在将来明太祖记起自己之时呈给皇上。

几年后，胡惟庸果真溃败，刘基被洗清冤屈。此外，明太祖特将金书铁券赐予刘氏家族，特别准许刘氏成员能以此免除一次死罪。

1513年，刘基被追赠为太师，追谥文成，故后人也称其为刘文成。

刘基是一个有名的思想家和文学家，其著述众多，有《郁离子》和《诚意伯文集》流传于世。《郁离子》是刘基的代表著作，在中国思想史和文学史上都占有重要地位。

▼（明）时大彬六方紫砂壶

壶呈不规则的六角形；盖为圆形，并有出气小孔；五角形弯执把；底有阴刻楷书"大彬"款。时大彬是明代万历年间最著名的陶艺大师，所制之壶以朴雅坚致见长，有"时壶"之称。

公元1368年~公元1644年
//////////////大明王朝//////////////
特务机关锦衣卫

为巩固明朝统治，朱元璋采取了一系列措施，除大力惩治贪官污吏外，还设置了锦衣卫，专门负责"察听在京大小衙门官吏不公不法及风闻之事，无不奏闻"。锦衣卫设立于1382年，与此后的东厂、西厂一起构成了中国历史上著名的明朝特务统治机构。

朝廷起初设立这些特务机构是为了强化专政集权，没想到它们最后却成了乱政毁国的根源。明朝时，特务统治的恐怖气氛始终笼罩着中原大地，在锦衣卫和东厂、西厂残酷的刑罚下惨死的仁人志士更是不可胜数。

初设锦衣卫

明朝初期的军队编制较简单，卫和所是基本单位，每卫约统辖正规军士五千人，卫的下面设立所，又分成千户所、百户所，京城的禁卫军统辖四十八处卫所。朱元璋于1382年决定对禁卫军进行改编，设立亲军卫十二个，锦衣卫在其中最为重要。

朱元璋在抗元时期所设的检校组织是锦衣卫的前身，专门负责打探和启奏京内所有衙门官员违反公正、法纪的事以及通过传闻得知的事。明朝初期朱元璋设立拱卫司作为皇帝侍从军事机构，统率校尉，从属于都督府，后来经过拱卫指挥使司、亲军都尉府、仪鸾司的演变，朱元璋于1382年春天废掉了仪鸾司，改设锦衣卫，其下设有指挥使、指挥同知、指挥佥事、镇抚使及千户等五个职位。

为了强化中央集权统治，朱元璋令锦衣卫专门执掌刑狱，授予其巡察缉拿的权力。锦衣卫不必经过司法部门即可进行探查、缉捕和审讯活动，直接隶属于亲军卫。

指挥使为锦衣卫的首领，担当此任的通常是皇帝的心腹武将，较少由太监担当。"掌直驾侍卫、巡查缉捕"是指挥使的职责。锦衣卫还负责掌管侍卫、排列仪仗及跟随皇帝出外巡视，同传统意义上的禁卫军大致上没有区别，其中较为有名的是大汉将军。事实上他们仅负责侍立于殿中传达皇帝的命令，同时担任保护守卫工作。他们通常皆高大魁梧、底气充足、声音浑厚，起

◀锦衣卫飞鱼服
飞鱼服是次于蟒服的一种显贵官服，其衣料上织有飞鱼花样。飞鱼并不是鱼，而是传说中一种头如龙、尾如鱼、长有角的神物。飞鱼服分相连的上、下两截，下有分幅，两旁有襞积。锦衣卫身穿这身隆重的官服，意味着权力极高。

1398年

▲（明）景泰款掐丝珐琅葡萄纹尊

该器高22.3厘米，口径12.6厘米。铜胎，侈口，筒颈，平肩，敛腹，足下附三獒貌形足，器侧上方镶虬龙，下方镶鹰。器内露胎，侈口内壁镀金，外饰蕉叶纹，口的边沿阴刻回纹，颈部中间装饰一圈掐丝五瓣花叶。肩与腹部白地，以卷须为锦，肩饰如意云头纹，腹饰葡萄纹及一圈仰莲瓣。

挑选出的强壮勇武、没有前科的百姓来充当，然后依靠才干与资历一级一级上升。

另外，锦衣卫的官职还准许世代承袭。锦衣卫最突出的特征便是穿的官服为金黄色，寓意权力很高，叫作飞鱼服，同时还佩带着绣春刀。

职能无限扩大

作为明朝的前几任皇帝，朱元璋和朱棣对皇权的维护欲望超过了以往任何朝代的帝王，因此造成锦衣卫"巡察缉拿"的职能被无限扩大。最初，锦衣卫的职责仅限于探察各类情报、办理皇帝交办的案件，后来，由于朱元璋毫无顾忌地杀害有功之臣，而刑部、大理寺、都察院等传统的司法机构调配起来多有不便，因此，朱元璋提升了锦衣卫的保卫作用。南北镇抚司是承担侦缉刑事任务的锦衣卫机构，而其中的北镇抚司可以传递并处理皇帝亲自审定的案件，可以设置自己的监狱，也就是诏狱，无须经过普通司法机构便能自行缉捕、审讯和处理决断。

据载，当时锦衣卫共有十八套经常使用的刑具，如夹棍、脑箍、拦马棍、钉指等。杖刑是其中的一项刑罚，锦衣卫在施行杖刑时很有讲究；若是行刑官仅说"打着问"，是说让执行者不要打得过重；若说"好生打着问"，就是让执行者打重一些；若说"好生着实打着问"，就是让执行者不管犯人死活重重地打。通常情况下，凡是被抓进

到一定的威慑效果。

在南北镇抚司下面设有五个卫所，卫所的统领官叫作千户、百户、总旗、小旗，一般军士则叫作校尉、力士。在履行缉捕盗贼、奸佞的职责时，校尉和力士被称作缇骑。锦衣卫官校大多由民间

◎看世界／布拉瓦之战　　　　　　　◎时间／1507年　　　　　　◎关键词／葡萄牙征服东非

▲（明）长城卫兵腰牌（复制品）

去的罪犯,皆得把十八种刑尝一遍。

"执掌廷杖"是锦衣卫的另一项重要职能。从明朝开始施行的廷杖制度是一项为了彰显皇帝威势和权力的残酷刑罚,皇帝可下令用杖刑责罚犯颜上谏或者有过错的大臣。被下令施行廷杖的官吏会被脱去官服,然后反绑起双手押到午门受刑。不论是对受刑者的肉体还是心灵,廷杖之刑皆是很严重的伤害。朱元璋在位期间,被廷杖致死的官员包括公侯朱文正、朱亮祖及工部尚书薛祥等。

▲（明）东厂锦衣卫木印

极端专制制度的帮凶

职能被无限扩大以后,锦衣卫便遵照皇帝之意暗地里探查军情民心,所有不利于皇帝的言论都逃脱不了他们的眼睛和耳朵。那些对他们表露出不满情绪的人都有可能会被抓走,凡是被他们抓走的人都很难活着回来。

某些指挥使野心勃勃、心狠手辣,他们常常利用职务的便利挑起事端,一方面排除异己,一方面也能当作个人晋升的资本。例如,成祖时的纪纲、英宗时的逯杲、武宗时的钱宁等人在各自执掌权力期间,不论是宰相藩王还是普通民众,皆受到他们的监视,稍违背他们的命令者便会家破人亡,当时整个国家都被一片恐怖的气氛笼罩着。北镇抚司大牢可谓臭名远扬,里面关押了众多清白无罪之人,死在锦衣卫残酷刑罚下的正义人士更是不可胜数。

更恐怖的是,这种肆意缉捕的现象几乎贯穿于明朝的始终,并破坏了皇帝和官僚机构间的关系,导致皇帝和文武百官、百姓、军队无法同心同德。因此有人认为,明朝并非亡于农民起义,而是亡于厂卫。除了享有很多特殊权力以外,锦衣卫还占有大量田地。直至宪宗执政时期,锦衣卫的权势地位才渐渐减弱。

历史上虽然也有像袁彬、牟斌那样耿直公正的指挥使,可是纵览明朝的锦衣卫,其主要职能仍是为明朝的极端专制统治做帮凶。由于锦衣卫的存在,明朝皇帝在压迫和限制士大夫阶层及普通百姓时就更加随心所欲了。然而,这样做的代价却是在很大程度上降低了社会活力,这也是拥有两百余年历史的明朝在政治和经济制度上不但没有什么进步,反而有所倒退的主要缘由。

〉〉〉郑和首次率众下西洋。途中，他随时记录航向、所经港湾及暗礁分布等，并绘制了《郑和航海图》。

◎ **看世界** / 麦哲伦船队环球航行　　　　◎ **时间** / 1519年~1522年　　　　◎ **关键词** / 斐迪南·麦哲伦

朱元璋建立明朝后，恐权臣篡权，便分封宗藩，拱卫王室，规定藩王有"移文中央索取奸臣"和"举兵清君侧"的权力。他死后，藩王拥兵自重，威胁皇权，对此，建文帝采取了削藩政策。然而，建文帝来势凶猛的削藩政策激化了皇族内部的矛盾。于是，燕王朱棣趁机起兵，以"清君侧"的名义联合各藩王反抗朝廷，并称自己的举动为"靖难"。因此历史上将这场皇室内部的皇位争夺战称为"靖难之变"。最终，燕王朱棣夺取了皇位，而建文帝下落不明。历时四年的"靖难之变"给明初刚刚有所恢复的社会经济造成了极大的破坏。

> 公元1368年~公元1644年
> //////////大明王朝//////////
> # 靖难之变

慧的一个。一次，朱元璋打算测试一下皇长孙朱允炆的能力，便说出一个上联，叫朱允炆对出下联。朱元璋说道："风吹马尾千条线。"朱允炆脱口对道："雨打羊毛一片膻。"朱元璋认为他对的下联缺乏帝王气概，便有些不高兴。这时，燕王朱棣在一旁说道："孩儿倒得了一个下联。"朱元璋叫他说来听听，于是朱棣上前对道："日照龙鳞万点金。"龙象征着皇帝，朱棣对出的下联显然是为了讨朱元璋的喜爱。朱元璋听后果然大悦，不住地夸赞朱棣对得妙。由于那时太子朱标已经死去，皇长孙朱允炆又过于怯懦，而朱元璋认为燕王很有帝王

无缘帝位

明太祖朱元璋的第四个儿子朱棣（1360~1424）从小就熟读兵书，习练战术，慢慢掌握了经史兵法。朱棣于1370年被封为燕王，1380年开始驻守北平，手握重兵。朱棣不但十分勇武，而且机智过人，富有谋略，自幼便备受朱元璋的喜爱。那时，尽管元朝的势力已被赶至大草原上，可他们依然拥有较强的军事实力，仍接二连三地对明朝北部边境进行骚扰。朱元璋之所以把朱棣分封于北平，就是想让自己的儿子取代功臣们来执掌兵权，以此进一步巩固明朝的政权。朱棣驻守北平时，在很多贤臣良将的指导下，很快成长为一名合格的军事指挥家。他在抗击元朝过程中赢得了重大胜利，增强了自己的军事实力，渐渐成为北方实力最强的一个藩王。朱元璋也为有如此勇健的儿子而高兴不已，不但时常让他领兵征战，还将沿边的军权全交给了他。燕王由此更是威名远扬。

在朱元璋的众多儿子当中，朱棣是最精明聪

▲ **明成祖朱棣像**

朱棣是明太祖朱元璋的第四子，初封燕王，镇守北平。建文元年（1399）以"清君侧"为名起兵反叛，建文四年攻破京师（今江苏南京），夺取了帝位。

▲南京明故宫遗址

今天，南京明故宫的主要建筑前朝三殿和后廷三宫等都已荡然无存，只留下午门、东华门、西华门的残基和雕刻精美的石柱础等遗迹，供人凭吊。

之气，而且文武兼备，便想将他立为太子。可是这与立储的嫡长制不符，最后朱元璋还是让朱标之子朱允炆继承了皇位。尽管朱棣具备帝王的才能，却无缘继承皇位。

清君侧，发靖难

皇长孙朱允炆登基后为加强皇权，立刻开始大举削藩。燕王朱棣知道自己的威名太大，削藩的风暴总有一天会降临到自己身上，所以他很早就开始暗自训练军队，打算时机一到便起兵反叛。他为了使建文帝放松警惕，就装作得了精神病，每日都胡说八道。建文帝曾派人前去探察病情，当时天气十分炎热，燕王朱棣却在火炉旁坐着烤火，口中还一直嚷冷。建文帝听后，也认为燕王果真是得了病。

然而兵部尚书齐泰与太常寺卿兼翰林学士黄子澄则怀疑燕王是在假装生病，他们命人前往北平捉拿燕王的家眷，还以燕王府内的

一些官吏为内应，密令北平都指挥使张信领兵去逮捕燕王。不料张信却将上述安排告诉了燕王。

燕王闻讯后，立即把王府内做建文帝内应的官吏都逮了起来，并于1399年夏天正式起兵对抗朝廷。燕王为人精明，深知名正言顺的皇帝终究是建文帝，若公开反叛则师出无名，所以他要找个起兵的借口。朱元璋当皇帝的时候，由于担心权臣篡夺皇权，便规定藩王有权声讨奸佞之臣，起兵"清君侧"，还在《皇明祖训》里写道："朝无正臣，内有奸逆，必举兵诛讨，以清君侧。"燕王朱棣便以这个为借口，将齐泰和黄子澄作为奸佞之臣，一定要进行诛杀，还将自己的举动称作"靖难"，就是平定祸难的意思。所以，这场明朝皇室内部的皇位争夺战在历史上被称为"靖难之变"。

四年靖难，皇位易主

领兵征战经验丰富的燕王朱棣带领其麾下训练有素的强兵，起兵南下没过多长时间，便将北平以北的居庸关、怀来、密云及以东的蓟州、遵化、永平（今河北卢龙县）等州县攻克了。平定了北平的外围，即解除了后方的忧患。随后，朱棣挥军南下。

明初的功臣和久经战场

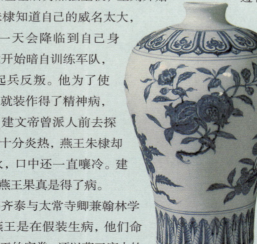

◀（明）永乐青花折枝花果纹梅瓶

此瓶高28.5厘米，口径4.8厘米，足径11.3厘米。通体青花装饰。肩部绘变形莲瓣纹；纹内绘朵花；瓶身绘折枝花果，大小各三枝，分别为石榴、枇杷、樱桃、葡萄、荔枝；近足处绘上仰蕉叶纹一周，素底无釉。此瓶是明永乐时期景德镇御窑厂烧制的官廷用器，这种梅瓶的完整器物传世不多，十分名贵。

1407年

| ◎看世界／土耳其入侵北非 | ◎时间／1534年 | ◎关键词／攻陷突尼斯 |

▶（明）犀角雕玉兰花果纹杯

杯高8.1厘米，撇口，形如倒盔。外壁满雕扶疏婀娜的玉兰花、丰满硕大的荔枝、晶莹剔透的葡萄等花果纹，并以其枝叶围成圈足。此器造型浑圆厚重，图案以整枝大花朵为主要装饰，采用浮雕、镂雕技法，技艺纯熟，为明代早期犀角雕刻艺术中的精品。

的将领几乎被明太祖杀尽以后，朝廷已没有可任用的将领，建文帝只得任命将近七十岁的老将耿炳文为大将军，命他率领十三万大军征讨燕王。耿炳文惨败后，建文帝又让李景隆取代耿炳文，调用五十万大军抗击燕军，在九门筑起堡垒，对北平进行围攻。同年秋，朱棣亲率精锐骑兵突袭大宁，将宁王挟持回北平，俘获其部属的军队，使自己兵力陡增。朱棣领兵从大宁返回后，在郑村坝击败李景隆的军队。建文帝只得将齐泰、黄子澄二人撤了职，想以此要求朱棣撤兵。可是朱棣没有答应，继续挥师南下。

双方于1400年春在白沟河展开激战，李景隆战败，朱棣的军队乘胜对济南发起围攻。同年冬天，朝廷任命盛庸为大将军，取代李景隆。盛庸率军与燕军在东昌（今山东聊城）展开交锋。燕军因多次获胜而轻敌，结果惨败，朱棣的心腹大将张玉战死，朱棣本人也遭到围攻，最后依靠朱能援军的接应方突出重围。东昌战役是双方交锋以来南军获得的第一次大捷。次年，建文帝将齐泰、黄子澄二人官复原职。后来，朱棣领兵还击，先后在滹沱河、夹河及真定等地将南军击败，然后又将顺德、广平、大名等地攻克。尽

管燕军所得城池较多，但是常常难以守住，这让朱棣烦恼不已。正在这时，朝廷内对建文帝不满的太监前来告密，朱棣便趁京城空虚之际，决意挥师南下，直取南京。

燕军于1402年春接连将何福、平安所率军队击败，一个月后又将泗州、扬州攻下。燕军势不可当，兵临南京城下。建文帝看形势危急，以割地分南北朝作为条件与朱棣议和，却遭到朱棣的拒绝。随后，燕军由瓜洲渡江到达金川门，保卫京城的将领李景隆把城门打开投降，南京城被攻破，建文帝朱允炆下落不明。

1402年，燕王朱棣在群臣的拥护下登基，改年号为永乐，是为明成祖。经过四年的"靖难之变"，燕王朱棣取得了最终的胜利。

▶（明）黄地青花花果纹盘

该器高4.7厘米。先在白瓷胎上画好花纹，施白釉高温烧造，再于白釉处填上低温黄釉，入炉低温烧成，形成黄地青花。

公元1368年~公元1644年
//////////////大明王朝//////////////

方孝孺被灭十族

作为"明初第一大儒",方孝孺既是建文帝的老师,也是辅助建文帝的重臣,朝中很多官员都是他的学生。"靖难之变"时,方孝孺代建文帝草拟了一系列讨伐燕王的诏书和檄文。

"靖难之变"后,燕王朱棣成功夺取了皇位。朱棣让方孝孺草拟即位诏书,被他断然拒绝。朱棣非常愤怒,将方孝孺处以中国历史上最残酷的刑罚——灭十族,就是在宗亲九族以外再加上学生。当时,因此事被株连的人数不胜数。

师出名门,桃李满朝

方孝孺,字希直,又字希古,号逊志,出生于明初浙江宁海的一个书香世家,自幼聪慧过人,且勤奋好学。他在少年时便立下了宏伟的志向,将古代名臣伊尹、周公奉为榜样,希望自己将来能够辅助开明的君主治理国家。方孝孺是名儒宋濂的高徒,也是那时著名的大儒。他博闻强识,精通经史,文章出众。

方孝孺于1382年被朱元璋召见,被朱元璋赞为"难得之才"。可是方孝孺主张以仁政治国,认为应先进行德化,再施行政令和刑罚,而朱元璋却力主武力治国,认为应以严厉的刑罚和苛刻的法令钳制官吏和百姓。由于二人在政治见解上有极大的分歧,方孝孺并未受到朱元璋的重用,只被委任为汉中府学教授。

蜀献王听说方孝孺的贤名,专门聘请他担任世子的老师,还在其读书之地题额正学,因此那时的人们便尊其为方正学或正学先生。

朱元璋去世后,皇太孙朱允炆登基,是为建文帝。满朝臣子上书力荐方孝孺,建文帝便将方孝孺召进南京,授以翰林侍讲学士的职位。由于建文帝年龄不大,缺乏治理国家和军队的能力,所以他非常信任和敬重自己的老师方孝孺。读书的时候,建文帝一有疑问,就会求教于方孝孺;处理国家要事时,建文帝也会征求他的意见,有时甚至还会请他代为审阅批复众臣的奏折。方孝孺非常感激建文帝对自己的赏识和重用,所以他对建文帝始终忠心耿耿。在减少刑罚、减轻赋税、修订官制、仁政治国等方面,方孝孺都积极辅佐建文帝,试图改变洪武以来苛刻的政令和紧张的政治气氛。

拒写诏书,被灭十族

当各地藩王的势力日渐扩大时,为了加强中央集权,建文帝便采纳了兵部尚书齐泰和太常寺卿兼翰林学士黄子澄的建议,开始进行削藩,而以燕王朱棣为首的众多藩王对此表示反对。于是,方孝孺代建文帝草拟了一系列讨伐燕王的诏书和檄文。随后,镇守北平的燕王朱棣打着"清君侧"的名号发动叛乱,在1399年夏天挥师南下。燕王朱棣于1402年攻破南京后,朝中的大多数文武官员皆改变立场,向燕王投降。方孝孺却因拒绝投降而被燕王指为奸佞之臣,被打入大牢。

燕王朱棣起兵时,其第一谋士姚广孝曾对他说,破城当天方孝孺绝对不可能投降。姚广孝跪下来恳求朱棣不要杀方孝孺,不然"天下读书的种子便彻底消灭了",朱棣答应了姚广孝的要求。事实上,朱棣深知方孝孺名声显赫,也打算通过

◎看世界／哥白尼去世　　　　　◎时间／1543年　　　　　◎关键词／《天体运行论》

▲（明）铁鎏金大黑天像

这尊双身三面六臂大黑天像是明朝永乐年间所制，全器皆为鎏金，加工之细、装饰之繁杂，令人叹为观止，代表了明代宫廷铜造像技术的最高水平。

▶（明）五彩龙纹出戟尊

该器质地为瓷，撇口长头，鼓腹，足墙外撇，通体绘制五彩五爪夔龙纹，线条流畅，运笔自如，工艺精美。

他来笼络人心。因此在燕军攻克南京后，朱棣多次遣人去牢里劝方孝孺投降，期望由他来撰拟新皇帝登基的诏书，但遭到他的断然拒绝。

从南京被攻破那天起，方孝孺每天都为建文帝身披丧服伤心痛哭。一日，朱棣上朝时，让人把方孝孺押到殿上，方孝孺身披孝服，一上殿便号啕大哭，悲声响彻整个大殿。朱棣见状也为之动容，下殿对他说道："先生莫要如此，实际上我只是效仿周公辅佐成王罢了。"方孝孺听后反问道："成王在何处？"朱棣回复道："已自焚而死。"方孝孺又问道："为何不将建文帝之子立为君主？"朱棣答道："国赖长君，其子尚幼。"方孝孺又道："为何不将建文帝之弟立为君主？"朱棣答道："此乃朕之家事！"

朱棣命人将纸笔递给方孝孺，逼迫他草拟即位的诏书。方孝孺接过纸笔，挥笔写下"燕贼篡位"四字，然后把笔丢在地上，哭骂道："死有何惧？诏书却不能撰拟！"朱棣看他不肯屈服，便威胁道："先生不担心九族被诛吗？"方孝孺毫不畏惧，愤然答道："莫说九族，便是诛灭十族又如何？"

朱棣听了勃然大怒，便让人用刀从方孝孺的嘴角一直割至耳朵旁边。方孝孺血泪横流，依然怒骂不止。朱棣见他宁死不屈，便下令把他投进死牢，后于午门内凌迟处死。在古代，君王处死大臣时，通常在刑部天牢或闹市行刑，抑或押至

午门外斩首，从未有过在午门内杀人的例子。

从这一点，可以看出朱棣是多么痛恨方孝孺。把方孝孺投进死牢之后，朱棣命人全力搜查缉捕方孝孺在京的亲眷，并于行刑当天把他们押至刑场，在方孝孺面前处死。方孝孺强忍悲痛，自始至终都未屈从。临刑前，方孝孺没有丝毫畏惧，为了表达自己对建文帝的忠贞，他特意赋了一首绝命词："天将乱离兮，孰知其由；奸臣得计兮，谋国用犹；忠臣发愤兮，血泪交流；以此殉君兮，抑又何求？呜呼哀哉，庶我不尤！"

诛杀方孝孺后，朱棣依然没有化解心中的怨恨，便下令诛灭其十族，就是在九族的基础上再加一族。于是，连方孝孺的学生也被株连。这便是古代绝无仅有的灭十族，共有八百多人受牵连被凌迟处死，行刑一事持续了七天，被打入监狱和充军发配的人更是不可胜数。

说到方孝孺，后世之人总是称赞他耿直刚正、忠贞不渝、舍生取义、气节非凡。方孝孺死得惊天动地，流芳千古，但是那些因他而无辜送命的人实在太可惜了。古人对这件事有含蓄而精辟的言论。明朝的钱士升在《皇明表忠记》里写道："孝孺十族之诛，有以激之也。愈激愈杀，愈杀愈激。至于断舌碎骨，湛宗燔墓而不顾。"

方孝孺被处死后，他的门人和弟子拾其遗骸埋葬在聚宝门山上。方孝孺现存于世的著述有《逊志斋集》和《方正学先生集》等，很多人因敬慕其气节而爱重其著述。

>〉〉明英宗即位，因年幼不能单独处理政事，宦官王振趁机执掌大权，拉开了明代宦官专权的序幕。

明朝初期，随着中央集权的不断强化，国内形势较为稳定，商品经济在封建社会得到了恢复与发展。明朝政府为了宣扬国威、拓展与海外的关系，曾经七次命郑和率领大规模的船队远赴西洋。郑和历经二十八年，访问了亚非三十余个国家，曾抵达东南亚、印度和阿拉伯半岛等地，最远到达非洲东海岸和红海沿岸。郑和下西洋是人类航海史上的一次伟大突破，推动了中国及亚非相关国家和地区的经济发展，书写了中外关系史上雄壮而美丽的诗篇。

公元1368年~公元1644年 ////////// 大明王朝 //////////
郑和七下西洋

府当差。这段时期内，郑和由于才智出众、能言善辩、机警敏锐且勤奋谦逊，深受燕王朱棣的赞赏，被选为朱棣的贴身侍卫。

在历时四年的靖难之变中，郑和一直追随朱棣，与朱棣一同南征北讨，多次参加战斗，战功卓著，是帮助朱棣夺取皇权的功臣之一。朱棣即位后，对追随自己多年的部将们大力提拔、重用，身为宦官的郑和被提拔成内官监太监。明成祖朱棣于1404年赐他郑姓，从那时起他便改名为郑和。因为郑和小名三保，所以人们也称他为"三保太监"。

郑和其人

郑和，云南昆阳州（今昆明市晋宁区）人，原本姓马，后被明成祖朱棣赐姓郑，小字为三保。

郑和的祖父和父亲都曾经去麦加朝拜过，对异域他乡和海外各国的情况有一定的了解。年轻的郑和经常听到祖父和父亲谈论异域的奇闻，对外面的世界产生了很强的好奇心。同时，父亲耿直刚正、爱做善事、不求回报的性格也对郑和产生了深远的影响。

明朝将云南统一后，郑和被抓到南京当了宦官，并奉命到北平燕王

朱棣的设想

明太祖朱元璋三十一年的勤政治理，使明朝初期的经济发展迅速，国力大大增强，在纺织、陶瓷、造纸、印刷等手工业技术方面皆取得了一些进步与发展。

造船和航海业发展迅速，科技和航海技术皆达到当时世界先进水平。罗盘针的应用，航海经验的累积，航海知识的丰富，众多水手的培养成功，还有明朝初期工商业的复兴与发展，宋、元以来我国海外贸易的迅猛发展，对外移民的增多……这一切皆成为郑和下西洋的经济条件和

▶**郑和下西洋**
郑和下西洋，其船舶制造技术之先进、船只吨位之大、航海人员之众、组织配备之严密、航海技术之先进、航程之长、影响之巨，在当时是极其罕见的。

〉〉〉瓦剌首领也先大举侵明，英宗被俘，史称"土木堡之变"。于谦立代宗，率军民保卫北京，击退瓦剌，迫使其释放英宗。

1449年

物质基础。

　　朱棣即位的第三年，便力排众议，派遣郑和带领大规模的使团远下西洋。其实，这是有主观原因的。

　　明成祖朱棣的皇位是他在发起靖难之变后，从他的侄儿建文帝朱允炆的手里夺来的，而建文帝在靖难之变后下落不明。据说朱棣疑心特别

重，他猜疑建文帝潜逃至海外去躲避灾难了，担心没有被彻底铲除的建文帝日后危及自己的皇位。因此一些史料说朱棣命郑和出使西洋，其目的是搜寻建文帝的踪迹，消除隐患。

　　但是，若为了搜寻建文帝的下落而下一次西洋是有可能的，可若为此七下西洋就不太可能了，因此这绝非郑和下西洋的初衷。实际上，由于

▲《郑和航海图》摹本（局部）

《郑和航海图》是郑和船队远航的重要图籍和物证，采用中国传统的山水画立体写景形式绘制而成，共绘记五百三十多个地名，绘注航线五十多条，说明当时中国航海技术已经达到了相当完善的程度。

▶（明）剔红鹿苑长春二层长方盒

该器通盖高23.7厘米，长38.5厘米，宽24.7厘米。内胎为木质，盒子周壁雕饰以嬉戏于松、竹、梧、山石、灵芝之间的群鹿为主题，背景又填刻各种细密的回纹、水波纹、绣球纹、朵纹、古钱纹等。

当时国内一些人对朱棣凭借武力夺得皇位感到不满，朱棣试图通过向海外宣扬国威来缓解上述矛盾，稳定自己的统治，这极有可能是郑和下西洋的最初目的。此外，还有一个重要原因：朱棣想借郑和下西洋对外炫耀富足，扬威海外。

　　朱棣对于明朝初期的对外政策感到很不满意，所以他登基后依照局势的变化，对国家的对外政策进行了调整，实行对外开放政策，先是稳定周边，然后将中国的安定、进步同世界，特别是同邻邦联系到一起，以形成一个长期太平的稳定局势。朱棣改变对外政策的一个重要的举动就是派郑和出使西洋。如此一来，他便能向海外各国炫耀兵力，显示中国的富足强大，宣扬明朝的威势。

▲郑和墓

郑和墓位于江苏省南京市江宁县谷里乡周昉村牛首山南麓。墓按伊斯兰风格修建，整个墓形呈"回"字形，墓前台阶有四组七层二十八级，寓意郑和七次下西洋历时二十八年遍访四十多个国家和地区。

▼（明）掐丝珐琅葡萄纹炉

该器口径为10.2厘米，高9厘米，铜胎，口镶宽边，附三股绳纹式立耳，器腹双层，底凸出乳足三。器形模仿商周炊粥、盛粥之器鬲的形制。器内镀金，口沿刻转枝叶片，边刻卷须，器表浅蓝地，颈饰五瓣花叶，腹饰葡萄纹，三足间底部装饰菊花。

历史航程与功绩

　　明成祖于1405年命郑和出使西洋，掀开了中国航海史上光辉灿烂的新篇章。

　　据粗略计算，郑和每次下西洋皆要带两万七千多人，与明朝军队五个卫的人数差不多。当时船队的编制非常完备，船上有水手、官吏、兵士，也有采办、匠人、医护人员及翻译等。

　　郑和下西洋的船队共有五种类型的船只，即宝船、马船、粮船、坐船和战船，有装载货物的，有运送粮食的，有打仗军用的，有休息住人的，划分得特别精细。根据《明史·郑和传》所载，郑和共有六十三艘航海宝船，最大的宝船长约一百五十一米，宽约六十二米，为当时世界上最大的海船，一艘船能装下一千余人。这种巨大的海船充分说明了当时中国的造船业已远远超过世界上的其他国家。

　　在航海过程中，郑和综合运用了天文导航、罗盘导航、陆标导航、勘测水深等诸多导引航线的方法，比如在《西洋番国志》中有记载："砍木为盘，书刻干支之字，浮针于水，指向行舟。"在当时的世界上，这种航海技术是十分先进的。

　　1405年至1433年，郑和在二十八年间七下西洋，先后到了四十多个国家和地区。为了表示友好，郑和每到一个地方都会馈赠给当地国王丰厚的礼物，用丝绸、瓷器、铜铁器、金银及其他手工业品换回当地的特产。随行的官吏会将当地的风土人情和见闻及时记录下来。船队返回时，各国都会遣使臣随船来中国将珍宝特产回赠给明朝皇帝，他们还积极同中国商人进行商品交换。郑和在发展海外贸易的时候，也向当地人传播了中国先进的文化，书写了中外文化交流史上崭新的诗篇。

　　郑和七下西洋意义重大，其航行路线由西太平洋穿过印度洋，直达西亚及非洲东岸。这是中国航海史上前所未有的，其里程在当时世界上也处于领先地位，比达伽马绕过好望角抵达印度早了八十多年，比麦哲伦完成环球航行早了一百多年。

　　如今，在海外仍流传着很多关于郑和的民间传说，马来西亚的三保山、三保井等，都是为了纪念三保太监而命名，体现了当地人民对这位传播中华文明的航海家的敬佩之情。

　　声势浩大的下西洋活动结束后，明朝刚刚打开的大门又紧闭了。海禁政策的逐渐推行，使明朝统治下的中原大地又重新走进了长期闭关锁国的时期。

〉〉〉画家戴进逝世。戴进，字文进，号静庵，擅画山水、人物、花鸟画，其作品有《风雨归舟图》《三顾茅庐图》等。

1462年

公元1368年～公元1644年
////////// 大明王朝 //////////
明成祖迁都

明朝开国之初，朱元璋就曾想把国都定在北方，可是拖延了十几年，最终仍选在南京。朱棣夺得皇位后，为了挫败漠北的元朝残余势力，稳定全国统一的局面，决意迁都北方，并于1403年将北平改为北京，北京之名便始于此时。1406年，朱棣下诏宣布于次年开始正式建造北京宫殿。历经十五年的艰难准备，朱棣最终实现了自己的愿望，成功迁都北京。从那之后，北京便成为明清两个朝代的都城。

为成一统，决心北迁

朱元璋于1368年当上了皇帝，选定国都成了当时的头等大事。众臣子主要有两种意见，一种是力主将应天定为国都。因为应天地势险峻且正当要冲，进攻能控制两淮，退守能凭长江自保，而且应天还是六朝古都，繁荣富饶，同时也是朱元璋多年的根据地，有利于稳固局势。但朱元璋却不这样认为。在他看来，应天位于东南，对掌控全国不利，且历史上定都应天的朝代大多都寿命不长，好像有些不吉利。另一种意见是力主将汴梁（今河南开封）定为国都。通过实地视察后，朱元璋觉得尽管汴梁地处中区，可是没有险要的地形，难以防守，四面均易遭到敌军攻击，地形比不上应天。但是朱元璋又考虑到汴梁乃宋朝的旧都，当时西北尚未平定，需把汴梁当作运输粮草及填充兵力的基地。因此，朱元璋效仿古代的南北二京制度，将应天定为南京，汴梁定为北京，从此两京并立。

▲（明）永乐大钟

该器位于北京大钟寺（原名觉生寺），铸造于明永乐年间，悬挂在大钟楼中央巨架上。该器通高6.75米，直径3.7米，重46.5吨。钟体光洁，内外铸有经文二十几万字，铸造工艺精美，为佛教文化和书法艺术的珍品。

明太祖朱元璋于1378年宣告改南京为京师，去掉开封"北京"的称号，改"北京"为"北平"，才使多年来一直没有解决的定都问题暂时有了结果。此后，明太祖又产生了向关中迁都的想法，但后来由于太子朱标去世，关中无人治理而搁浅，此事直到明太祖去世也未得到解决。

明朝初期的战略形势非常明显，随着全国统一形势的发展，若想确保这一统一局面稳固，就一定要将明朝的经营重点向北迁移。

燕王朱棣于1402年攻克南京，夺取了皇位，史称明成祖。他曾常年驻守北方要镇，因此比其他人更能体会到北方的重要战略地位。同时，由于元朝的残余势力逐渐退到漠北，位于长江之岸的南京与重要的北部边疆相距太远。所以，为了统一大业，将国都向北迁移的事情又被提上日程。

然而，迁都并不是一件容易的事，且明成祖的皇位是夺取来的，封建道德将此称为"篡弑"，所以如果再改变祖制，迁移国都，一定会受到极大的舆论压力。死守祖制不放的人与政治上的反对派，会奋起反对迁都。此外，与迁都息息相关的尚有北京的宫殿、政府机关及粮食供给等诸多问题，所有这些皆需人力、物力和时间去经营。所以，明成祖开始制订缜密的计划，逐步着手进行这项战略性的政治、军事中心迁移工作。

◀（明）永乐敕谕
中国伊斯兰教历史文献，为1407年明成祖颁发的保护伊斯兰教徒的敕谕。

周密计划，等待时机

　　为了避免遭到舆论的反对，明成祖通过礼部尚书李至刚之口将兴建北京的建议提了出来。1403年，明成祖开始为北平辨正名分，将北平改为北京，升作陪都，称为"行在"（皇帝所在之地），将北京的政治地位提高了。与此同时，他还将北平府改为顺天府。此前，不但有明太祖将其"龙兴之地"凤阳定为中都的事例，也有明太祖将汴梁定为北都的事例。所以明成祖的这些举动，都是遵从祖制的，没有人可以责难，于是明成祖开始公开营建北京。

　　那时，尽管北京有非常重要的地理位置，可是在经济上却远远比不上南京，因此明成祖便下诏向北京周边大举移民屯田，一部分兵士、流亡者或囚犯，被安

◀（清）康涛《三娘子图》
三娘子名钟金哈屯，是俺答汗的妻子，她被明政府加封为忠顺夫人。她一生掌握部族军政大权二十余年，积极与明政府修好，使双方停止战争，互开贡市，促进了双方的经济文化交流。

排到北京附近地区种田。另外，明成祖还推行了一些惠民政策，比如免费供给他们耕具、种子等。经过多年的精心建设，北京终于变得日益昌盛，初具大都市的规模，能与南京相比了。

　　明成祖于1406年下诏宣布于次年开始正式建造北京宫殿，并专门派遣大臣去各相关行省搜集巨大的木材，还命大臣陈珪负责北京宫殿和北京城市的整个设计建造工程。

　　1409年，明成祖自即位后首次回到北京。此次回北京，除了组织北伐外，他还在北京北郊昌平境内给自己建造了长陵。明成祖

把自己的陵墓修在北京，其实就是迁都的暗号，但是只要他没将迁都之事公布于众，就算有人看出端倪，也不好表示反对。1410年，明成祖领兵亲征回朝后不久，命令工部尚书宋礼及都督周长对会通河进行疏浚，决意将南北漕运之路打通。疏浚运河的工程共历时五年，直至1415年才全部完工。运河的贯通使南粮北调成为现实，在物质方面为明成祖迁都北京提供了保障。

1416年，明成祖正式诏令"文武群臣集议营建北京"，公开了迁都计划。随后，河南布政使司陈祚、周文褒及王文振共同上疏对迁都表示反对。明成祖下令把他们贬至均州太和山去种田，以儆效尤。在这样严酷的惩罚下，没有人敢再提异议。由此看来，迁都北京的时机确已成熟。

迁都北京，功留青史

1420年，北京宫殿的兴建工作基本完成。

新建造的北京城的规制与南京相同，且较南京更为雄伟壮丽。明成祖于1421年正式下诏从南京迁都到北京，将北京定为京师。为了表现出对明太祖的敬重，明成祖在迁都后依然将南京称作京都，将北京称作陪都，并让太子在南京留守

◀（明）永乐通宝钱

永乐通宝钱于永乐六年（1408）开铸，铸工精湛，整齐划一，是中国货币史上最为精美的货币之一。它们主要用于对外贸易，是六百年前的国际贸易硬通货，为明初对外开放发挥了重要作用。

监管国事。明朝由此开始施行真正意义上的两京制，即南京与北京同时各有一套政府机关。然而，皇帝与中央朝廷皆在北京，政策法令也皆由北京宣布，实际上此时北京已成为真正的国都了。

明成祖于1424年在北伐途中因病去世，他的儿子朱高炽登基后，宣告依然将南京定为京师，把北京改成"行在"，可是没有正式迁回南京的宫里。直至正统初年明英宗将北京的"行在"之称去除后，北京的国都地位才被正式确立。

明朝初期的一项重要策略就是迁都北京，明成祖这样做的主要目的是稳固北方边疆。在加强边境防务、保护国家统一方面，迁都北京皆有重要意义。同时，迁都北京也是明朝能够维持统治近三百年的重要保障。

明成祖把北京设为国都，是他在历史上作出的一个重要贡献。

◀北京城东南角楼

东南角楼位于今北京东城区北京火车站东南，建于明正统四年（1439），是唯一保存至今的明代北京城角楼。

◎看世界／英国东印度公司成立　　　◎时间／1600年　　　◎关键词／殖民贸易

明朝进入中期以后，政治黑暗，出现了宦官专权的局面。反过来，宦官专权又进一步加剧了政治的黑暗。明英宗朱祁镇在位时，蒙古的瓦剌部迅速强大，并经常进攻明朝北部边境。1449年，瓦剌兵分四路，大举攻明。宦官王振不顾朝臣反对，鼓励英宗御驾亲征。后来，英宗于土木堡（今河北怀来县东）被俘，明朝五十万大军全部被歼，史称"土木堡之变"，也称"土木之变"。它是明朝由盛转衰的标志。此后，瓦剌实力大增，明朝北部边境从此长期处于战乱之中。

宦官专权，勾结瓦剌

土木堡之变指的是明朝军队于1449年在土木堡被瓦剌军击败，明英宗不幸被俘获一事。宦官专权是导致此事发生的间接原因，而蒙古瓦剌军的南下则是直接原因。

公元1368年~公元1644年
/////////// 大明王朝 ///////////
土木堡之变

明宣宗长子朱祁镇九岁的时候便即位当了皇帝，改年号为正统，史称明英宗。由于仁宣朝重臣"三杨"先后逝世，再加上后宫宦官势力的骤然增强，正统年间的政治日益黑暗和腐朽。当时，宦官专政的代表人物便是太监王振。王振本来是教官，之后被阉进宫。朱祁镇还在东宫做太子的时候就是由他来服侍的，所以，明英宗朱祁镇在登基以后便任命王振掌管司礼监。那时，英宗年纪幼小，对王振十分倚重和信赖，可谓百依百顺，因而朝中之人都称呼王振为"翁父"。

元朝的残余势力当时在漠北地区分为两股：瓦剌和鞑靼，两个部落相互征讨。到明英宗统治时，瓦剌的势力开始不断增强，并接连进攻明朝的北部地区。瓦剌部落的太师也先拥有实权，原本瓦剌和明朝有朝贡贸易关系，可是也先时常命人以向朝廷进贡为由，肆意骗取明朝的物品。那时，对来自进贡国家的使臣，不管贡品价值怎样，

▼土木堡英宗被俘

明正统十四年（1449）秋，明军在土木堡大败于瓦剌，英宗被俘，这是明王朝由初期进入中期的转折点。

〉〉画家仇英逝世。仇英，字实父，擅画人物、山水、花鸟、楼阁，存世画迹有《玉洞仙源图》《桃村草堂图》等。

1552年

英宗气盛，亲征瓦剌

▲ （明）铜洒金双象耳炉
此炉为紫铜精炼而成，铜质优良，炉身洒金，金质纯正，炉辅双象耳，炉底有"大明宣德年制"炉带底托，保存完好。

明朝皆会根据人员数量回赏物品。依照惯例，每年瓦剌来进贡的使臣不可多于五十人，然而也先遣来的进贡的使臣人数却不断增多，后来竟然增至三千余人。此外，瓦剌的使臣时常谎报人数，冒名领取回赏的物品，在回国途中还抢夺明朝百姓的资财货物，暗地里购买违禁物品（如弓箭等）运出塞北。明朝在大同驻守的太监郭敬是王振的心腹，此人贪图暴利，收受贿赂，每年打着王振的旗号私自运送大批钢铁箭头给瓦剌，瓦剌便遣人回送给王振好马。这种与邻国勾结走私物品的行为，使明朝的边境防务遭到了严重破坏。

也先在1449年春派两千名使臣来北京进贡马匹，但谎称来了三千人，要求根据虚报的人数赐予物品。平日里与瓦剌相互勾结的王振，此次却对也先欺瞒朝廷十分愤怒，便下令压低马价，还命人根据实际来使人数赐予物品。也先听后怒不可遏，遂以此为借口发起对明朝的战争。当年夏天，瓦剌军分为四路兵马挥师南下，直取大同。

也先的瓦剌军势如破竹，镇守山西大同的军队连连退败，很多边塞城镇接连失陷。大同前线战败的消息频频传至北京，令满朝震惊。明英宗召来大臣商量对付敌军的策略。

大太监王振小看了敌人的兵力，一想建下战功以稳固自己的地位，于是竭力鼓动英宗御驾亲征。血气方刚的明英宗也想亲自挥师讨伐敌军，效法曾祖父成祖守卫边疆，平定漠北，因此他在王振的极力怂恿下计划亲自出征。

然而，因为那时朝廷的主力皆在外征战，短时间内很难调兵北上，所以群臣皆极力劝阻英宗亲征。兵部尚书邝埜与侍郎于谦力陈"六师不宜轻出"，吏部尚书王直则率领大臣们在皇宫午门前跪下恳请皇帝收回成命，可是英宗只信赖王振，坚持要亲征。无奈，兵部只好从京师周边临时凑了五十万军队，英宗便带着王振及文臣武将北上。

被困土木堡

明军出征后，所有军政事务皆由王振独揽，随军的文武官员都无权参加军政事务的决断，导致军中组织混乱。同时，由于军队仓促征战，且是临时拼凑起来的，既不清楚敌情，又缺少统一的作战方案。更荒唐的是，如此大规模的军队，后勤粮草却完全得不到保障，由此可知军队的战斗力弱到了什么地步。

大军出了居庸关后，由怀来至宣府（今属河北），接连遭遇风雨，再加上给官兵的口粮和饷银不能及时发放，使官兵饥寒交迫，士气锐减。前线不断传来战败的消息，导致军中自乱。抵达大

1553年

〉〉〉葡萄牙人借口舟触风涛要求到澳门海滩晾晒货物，海道副使汪柏纳贿允诺。葡人从此进入了澳门。

▲北京智化寺

智化寺始建于1443年，原是明正统年间司礼太监王振自建的家庙。

同周边地区后，英宗和王振看到四处全是被瓦剌军杀死的明军尸体，不禁大惊失色，随即打算率军返回京师。为了炫耀自己的权力与威势，王振邀请英宗"临幸"自己的家乡。他的提议马上遭到文武官员的强烈反对，因为这样会耽搁撤军的时机，可是王振坚持己见，而英宗也打算让王振荣归故里，大军便开始向蔚州撤退。但是大军刚刚出发，王振却反悔了，他担心大军经过家乡时会把庄稼踩坏，自己因而遭人辱骂，于是又劝英宗原路返回。就这样，珍贵的时间便被耽搁了。

明军刚撤退至怀来附近的土木堡时，便

被追上来的瓦剌军包围了。土木堡内无水源，完全无法防御，饥渴难耐的五十万大军陷入困境。这时，也先一面装作撤兵，一面遣人假装与明军议和。王振轻信谎言，忙命大军拔营寻找水源。也先趁明军没有防备之时发起全面进攻，明军一败涂地，伤亡惨重，王振也死于溃乱的军阵之中。

战场遭生擒

随行大臣英国公张辅等五十多人在这场残酷的战争中都战死了，明英宗在向外突围时被俘，此即土木堡之变。

也先俘虏英宗后，企图以其作为人质，向明朝进行勒索。而明朝政府在英宗被俘获后，即把英宗之弟郕王朱祁钰拥立为皇帝，是为明景帝。也先企图以英宗来勒索明朝的设想没有实现，于是便决定将已没有利用价值的英宗送还给明朝。他表面上说是将英宗送回京师，其实是计划发起猛烈进攻。也先领兵南下，将北京包围起来，但后来被于谦率领的明军击败。

最后，也先只好遣使臣与明朝政府议和。明朝派人带着礼物在1450年从也先的军营里把英宗接回了京师。

土木堡之变是一个转折点，明军从此元气大伤，明朝的国力也大大减弱。此后，明朝对防御政策进行了调整，开始大规模地修建万里长城，并退至关内防守。

▶（明）正统青花人物故事图大罐

此罐高约33厘米。罐身以青花绘纹饰，腹部主题纹饰为萧何月下追韩信故事图。所绘纹饰采用的是正统年间常用的三段式布局方法，即肩、腹、足三部分结合法。此罐胎体厚重致密，釉面肥润、青花呈色浓艳。纹饰主体鲜明，笔法飘逸流畅。

土木堡之变的消息传回京城，举朝震动，有人甚至主张迁都南逃。以于谦为首的主战派坚决反对，主张保卫北京城。于谦临危受命，指挥了明朝历史上有名的北京保卫战且大获全胜，粉碎了瓦剌军想夺取北京的野心，挽救了濒临灭亡的明王朝，同时还收复了许多要塞和重镇，使明王朝的统治得到了巩固。

于谦为人耿直刚烈，为官清廉公正，《明史》赞其"英迈过人，历事三朝，忠心义烈，与日月争光"。

公元1368年~公元1644年
//////////////大明王朝//////////////
于谦保卫京城

才略过人，正直清廉

生于浙江钱塘（今杭州）的于谦是明朝著名将领，字廷益，号节庵。在幼年时期，他便表现出了与众不同的气质。传言在他七岁时，曾有一个僧人对其相貌大为赞叹，预言他是日后的"救时宰相"。

于谦年仅二十三岁时便考中进士，之后被任命为江西道监察御史。宣德元年（1426），汉王朱高煦趁新皇帝即位初期在乐安州发动叛乱，于谦跟随宣宗亲征。朱高煦没有反抗就投降了，于谦遵照宣宗之命以高亢的声音历数其罪行。朱高煦吓得全身发抖，连连叩头认罪。宣宗对于谦的表现大为赞赏。

明朝政府于1430年设置巡抚之职，对于谦十分信赖的宣宗打破常规，将他提拔为兵部右侍郎，负责巡视河南、山西两省。于谦未辜负众人期望，上任后便对统辖地区进行细致的探察。他走访乡亲，救助灾荒，修堤种树，把驻守当地的将领私自垦殖的田地都收作官屯，以补贴边境防务所需的费用。仅一年内，他就接连多次上奏，兴办

有利的政事，除去各种弊端。他先后担任监察御史、兵部侍郎、兵部尚书等职，始终秉公执法，清廉自律，在朝廷内外皆有非常高的名望和信誉。

临危受命救国难

1448年，于谦被召到京中担任兵部左侍郎。第二年夏天，也先对明朝发动猛烈攻击，王振怂恿英宗亲征。于谦与兵部尚书邝埜奋力劝阻，但最后仍未能说服英宗改变想法。于是，邝埜跟随英宗亲征并协助其掌管军队，于谦则被留在京城料理兵部事务。

很快，明朝的军队在土木堡的整条战线上全部溃败，明英宗被俘。消息传来后震动了整个京城，全城上下及文武群臣皆惶恐不安，有的大臣甚至在朝堂上失声痛哭。皇太后为了稳定人心，宣告由英宗的亲弟弟郕王朱祁钰监管国事，同时召集群臣商议抗击瓦剌军的对策。有的力主以贵重的财物赎回英宗，有的力主闭城死守，等候救

▲于谦墓
于谦墓位于浙江省杭州市三台山。原墓毁于1966年，今于谦墓为1982年重建。

1559年

》》》画家文徵明逝世。文徵明，号衡山居士，与唐伯虎、沈周、仇英合称为"明四家"。

▲北京德胜门箭楼

该楼位于北京城北垣西侧，是北京内城九座城门之一，始建于明正统二年（1437），曾见证了1449年发生在德胜门外的北京保卫战。

援。翰林侍讲徐珵（后改名为有贞）甚至提出迁都南京以躲避瓦剌大军进攻的建议。兵部侍郎于谦听到这些话，勇敢地站出来对皇太后和郕王说道："建议迁都南京的，理应处斩！京师乃国家的根基，一旦动摇，国家就灭亡了！难道没听过宋朝南渡的故事吗？"郕王十分认同于谦的观点，防御的策略便这样被确定下来。

"国不可一日无君"，但当时太子朱见深年方三岁，不能担负起挽救国家的重担。与此同时，也先以英宗作人质来要挟明王朝。在这危急之时，为了稳固国家的政事，于谦提出了"社稷为重，君为轻"的主张，并与群臣一起恳请皇太后将郕王朱祁钰立为皇帝。所以，郕王朱祁钰于九月初六登基，改年号为景泰，是为明景帝。英宗被尊奉为太上皇。随后，景帝委任于谦为兵部尚书，命他担负起指挥北京保卫战的重任。

全城一心守京城

正是在如此危险急迫的关头，于谦果敢地挑起了守卫京城的重担。就在他接受命令的第二天，为了加强京城及周边关口的防御能力，他上奏请求将南北两京与河南备操军、山东与南京沿海备倭军及江北与北京诸府运粮军调赴京师防守。之后，于谦千方百计地把通州的粮食转运到了北京城里。同时，为了整顿内部，于谦恳请景

▼（明）正统青花麒麟纹菱口盘

明正统年间的青花瓷器纹饰精致，装饰布局繁密，以麒麟纹较为常见。一般情况下，所饰麒麟都是昂首前瞻，或站立或卧蹲，四周配以火焰、杂宝纹，常绘在盘心。

帝对王振的残留党羽进行惩处，使人心逐渐安定下来。

也先得知明朝决心与瓦剌相抗，便以将明英宗送回京师为由，意图对北京发起大规模进攻。瓦剌军于1449年秋天攻至北京城，军队扎营于西直门外，英宗被安顿在德胜门外的土城关。于谦受到景帝的全力支持，对北京城的安全防护进行布置，派遣众将领率军出城，于京城九门之外列开阵容。身披盔甲衣胄的于谦与石亨在德胜门外监督作战。他还下令将九门关闭，以表破釜沉舟之意。于谦这种勇武坚毅的精神深深感染了明军众将士，众将士立志与瓦剌军决一死战。

本来认为明军会一触即溃的也先见明军备

〉〉〉散文家王慎中逝世。王慎中，字道思，为"嘉靖八才子"之首，明朝反复古风的代表人物之一，著有《玩芳堂摘稿》等。

1559年

◎看世界／英国资产阶级革命 ｜ ◎时间／1640年 ｜ ◎关键词／查理一世召开新议会

战充足，且军纪严明公正，不由得暗暗吃惊，他率领的瓦剌军的士气也受到了严重挫败。也先集中全力攻打德胜门，明军的伏兵从四面冲出，炮箭齐发，瓦剌军立即乱作

◀（明）掐丝珐琅葫芦式扁瓶

该器高24厘米，腹宽15.2厘米，铜胎，圆唇口，壶身上截圆而下敛，下截圆而扁平，器侧镶镀金云纹耳，长方而四角圆之矮足。器内露胎，器表蓝地，上、下腹的两侧饰种莲纹。下腹前后壶面布云纹锦，一面饰寿山福海、桃树、仙鹤衔桃及官殿屋檐等纹，寓意海屋添寿，另面为梅竹、仙山、祥云和瑞鹿，"竹"谐音"祝"，梅花寓意祝贺新春，又组合背面的仙鹤，表示鹿鹤（六合）同春，意谓天下皆春，欣欣向荣。

一团。明军壁垒严密，也先发起的屡次攻击皆受到了明军的全力抵抗。城外的民众看到瓦剌军战败，纷纷爬到房顶上向瓦剌军扔砖头石块，这更加振奋了明军声威。之后，瓦剌军又在彰义门惨败，伤亡十分严重。

也先发现难以攻克京城，并担心明军切断自己的后路，只得带着英宗拔营撤兵。于谦命一队骑兵乘胜追杀，将一部分瓦剌兵杀伤。北京保卫战获得大捷，北京城城门于当年冬天解除禁令。

战败之后，也先发现明英宗已经失去了利用价值，便与明朝讲和，答应放回英宗。

"要留清白在人间"

北京保卫战取得胜利后，于谦觉得经议和而得来的和平很难持久，便尽力整饬军备，创建团营，强化军队的操演训练，防备也先再次来袭。

于谦做官时廉洁耿直，从来不会奉承官高势大之人。因此，曾在危难关头力主南迁逃跑的徐有贞，以及曾被于谦斥责过的将领石亨，还有太监曹吉祥都十分憎恨于谦，他们总想在暗地里陷害于谦。

景帝在1457年得了一场重病，徐有贞、石亨和曹吉祥相互串通，领兵冲入皇宫，拥护明英宗重登皇位，这就是历史上的夺门之变。没过多久，景帝便去世了，庙号代宗。

英宗原本就对于谦在自己被俘时助弟弟登基感到不满，这次重新当上皇帝后，又听信徐有贞和石亨等人对于谦的诬蔑，便以谋反的罪名杀掉了于谦。直到成化之初，于谦才被洗清了冤屈，在弘治年间被追谥为肃愍，万历年间改谥为忠肃，今存有《于忠肃集》。

在青年时期，于谦写过一首《石灰吟》："千锤万凿出深山，烈火焚烧若等闲。粉骨碎身浑不怕，要留清白在人间。"此诗十分贴切地描述了他忠义耿直的一生。

〉〉〉明神宗下诏以张居正、吕调阳、张四维为总裁官，重修《大明会典》。

◎看世界／俄国拉辛起义　　　　◎时间／1667年　　　　关键词／农民起义 反对沙皇

公元1368年～公元1644年
//////////////大明王朝//////////////
嘉靖帝痴迷道术

明武宗没有子嗣，依"兄终弟及"的祖训，他去世后，他的堂弟，年仅十四岁的朱厚熜继承了帝位。朱厚熜即位后，改年号为嘉靖，史称明世宗。朱厚熜是一位颇具争议的皇帝，有人说他英明神武堪比朱元璋，也有人说他狂妄自傲，残暴狠毒。他即位之初采取了一系列措施，大力革除弊病，使明朝出现了短暂的"嘉靖中兴"的局面。但他在在位的四十余年里，始终沉迷于道教方术，这导致明朝吏治败坏，边事废弛，社会动荡不安。

"兄终弟及"与"大礼议"

明世宗朱厚熜的父亲为兴王朱祐杬，朱祐杬是明宪宗朱见深的儿子，同明孝宗朱祐樘是同父异母的兄弟，于1487年被封为兴王，后被封藩至湖广安陆州（今钟祥）。朱厚熜是朱祐杬唯一的儿子，他从小就刻苦用功，喜欢学习，朱祐杬亲自教他学习。朱厚熜对《孝经》《大学》和修身齐家治国的方法皆有透彻的了解，经常参加王府的例行仪式及典礼，还时常跟随父亲入京谒见皇帝。所以，他自幼便清楚地知道朝廷的秩序形式以及典礼的规则与礼法。朱祐杬在1519年逝世，其子朱厚熜承袭封爵成为兴王，时年十二岁。

明武宗朱厚照于1521年

去世，由于武宗无子，且为单传，所以皇太后和内阁首辅杨廷和根据"兄终弟及"的祖训，让武宗的堂弟朱厚熜来京承统，并于第二年将年号改为嘉靖，朱厚熜即明世宗。

嘉靖帝登基之后，在怎样定父母的名分、封号一事上，和礼部以及许多朝廷大臣产生了分歧。那时，朝廷中有两种不同意见，一种是以大学士杨廷和为代表的反对派，提出朱厚熜应当过继给孝宗做儿子，将孝宗尊奉为皇考，将生父尊奉为皇叔考。另一种是以张璁为首的支持派，主张"继统不继嗣"，认为应当将兴王朱祐杬尊奉为皇考，将孝宗尊奉为皇伯考。两派旁征博引，争辩不休，这便是明朝历史上有名的"大礼议"。

支持派的势力在嘉靖帝的支持下逐渐增强，两派之间的斗争也日益激烈。经过几个回合的争辩后，最终在1524年爆发了著名的"左顺门血案"。最后，嘉靖帝利用强权把反对派都赶出了朝廷。反对派的官吏遭到了不同的惩处，其中有十七

◀（明）镀金铜佛塔
塔高24.7厘米，通体镀金，由塔基、塔身、塔刹组成。塔基为八角束腰须弥座，饰仰、覆莲瓣及缠枝花卉纹。塔基以上以八角形台座承受覆钵式塔身，两部分以仰莲托分隔。塔身之上为塔刹，以莲花刹座承托高耸的十三层相轮。顶端为宝盖和日月宝珠。

◀武当山玄岳门

此门建于明嘉靖三十一年（1552），为三间四柱五楼式的石建筑，高12米，宽12.81米，石凿榫卯而成。正中坊额上刻着明嘉靖皇帝书写的"治世玄岳"四个大字。

还下令减少租税，调整赋税和徭役，救助灾荒，命令对皇庄及勋戚庄园进行核查，把土地返还给农民。他提倡耕织，整治水患，免去军校工匠十万多人，大大缓和了当时尖锐的社会经济矛盾。嘉靖帝还非常同情人民疾苦，善于接受劝谏。此外，为了稳固边防、海防，嘉靖帝还下旨开始大力修建长城，整顿边防部队，以抵抗外部侵扰。他还在东南沿海对海防进行了调整，下令戚继光抵御倭寇，沉重打击并遏制了倭寇入侵和海盗肆意杀掠的行为。

在这段时期内，资本主义萌芽得以发展，科技和文化艺术达到了前所未有的兴盛，使得大明王朝呈现出嘉靖中兴的局面，嘉靖帝也因而被誉为"中材之主"。

人被杖死。为时三年的"大礼议"以嘉靖帝的获胜而宣告结束。嘉靖帝终于得偿所愿，追尊其父为明睿宗，并将其牌位置入太庙，位于武宗朱厚照之上。这起事件导致众多耿直的朝臣死去或归隐，奸佞之臣则趁机夺取了朝政大权，使得不良的政治风气重新兴起。嘉靖帝则凭借此事树立了名望和信誉，从此开始施行其专制统治。这件事也充分暴露了嘉靖帝年少时便有固执己见、专断强横、凶暴残虐的性格。

力革时弊，嘉靖中兴

登基之初，嘉靖帝立志效仿太祖、成祖施行新政，做一个被人赞颂的开明圣君。

嘉靖帝下旨大赦天下，全力革除前朝社会的弊病，他任用前朝重臣，处死了奸佞之臣钱宁、江彬等人，同时吸取了前朝宦官掌权扰乱朝政的教训，加强对宦官的约束，恢复并加强了中央集权，

沉迷道术，荒政废国

但是，"中兴"并未维持多长时间，后来嘉靖帝只顾推崇道教，痴迷方术，把明朝推向了灭亡的边缘。

嘉靖帝之所以尊崇道教，敬畏鬼神，和他自幼生长的环境息息相关。荆楚原本便是道教的本源所

◀（明嘉靖）青花缠枝莲托寿字纹将军罐

此器形周正，线条流畅，制作工艺精湛。青花绘缠枝莲纹，描绘精细，线条灵动，并书"寿"字，寓意好。此器保存完好，实属不易。

1581年

〉〉〉意大利传教士利玛窦将鼻烟带入广东省，从此中国的吸烟人口大增。

在，且嘉靖帝的父母皆信奉道教，嘉靖帝整日耳闻目睹，深受影响。嘉靖帝即位后，不只自己尊崇道教，还让臣子尊崇道教。臣子中尊崇道教的便可官运亨通，财运滚滚，敢于劝阻的则会被降为平民或者被当堂打死。受嘉靖帝偏爱和信赖的道士一般皆懂得些左道幻术气功。道士、方士们利用嘉靖帝想长生不死的愿望和对灵瑞现象的迷信，几次欺骗蒙蔽嘉靖帝，当朝的臣子们也都争先恐后地投合嘉靖帝崇道的嗜好。

因为嘉靖帝盲目信赖丹药方术，因而时常遣人到处收集灵芝，还每日服用道士们炼成的丹药。为了满足个人的修炼和纵欲作乐，嘉靖帝多次挑选民女进宫，总人数多达千余人。宫女们除了要供嘉靖帝纵欲作乐之外，还得遭受百般羞辱。后来，嘉靖帝偏信方士的话，在宫女里面挑出一批童女，试图通过虐待童女来炼制所谓的长生不死药。1542年，忍无可忍的宫女杨金英等人打算趁嘉靖帝沉睡的时候把他勒死，可是未能成功，宫女们皆被分尸而死。这场历史上少见的宫女弑君事件被称为"壬寅宫变"。

嘉靖帝有幸逃过了此次劫难，但他不仅未对个人的行为进行反省，反而说是神灵的庇佑使他免除了灾祸，所以对道教方术愈加痴迷，还在皇宫内外建造宫殿庙宇，使百姓的负担更加沉重。嘉靖后期，嘉靖帝痴迷道教，长达二十年不过问朝政，使徇私舞弊、违反法纪的首辅严嵩借机败坏朝政。明朝的政治日

益腐朽，国力日渐衰微，政治及经济皆出现严重的危机。1567年，嘉靖帝去世，享年六十岁，被安葬在北京昌平永陵。

纵览嘉靖帝的一生，即位初期很有振兴大明的志向和中兴的举措，但后来却因对道术痴迷而懈怠朝政，且固执己见，自以为是，以残忍暴虐出名，所以后世对其评判也是褒贬不一。嘉靖时期恰好处在中国封建社会由盛转衰的阶段，在此之后，明朝渐渐走向衰亡。

▼（明）嘉靖雕漆龙凤圆盘

明代漆器工艺的发展已相当成熟，漆制品数量众多，品种新颖，制作精良，特别是在工艺上采用多种髹法相结合的手法，使其从实用器上升为观赏价值极高的艺术品。

▼（明）绣双凤补赭红缎长袍（局部）

此袍前身长113厘米，后身长147厘米，通袖长306厘米，袖口宽13厘米，旧藏孔府。此袍胸背缀有凤补，五彩丝线绣出双凤，舞于祥云之中。

》》》政治家、改革家张居正逝世。张居正，字叔大，号太岳，湖广江陵人，官至内阁首辅，著有《张太岳集》《书经直解》等。

1582年

嘉靖一朝，内阁首辅（宰相）拥有很大的权力，所以朝臣之间争夺首辅之职的政治斗争异常激烈。严嵩当上内阁首辅之后，专擅国政近二十年，显赫一时。之后，徐阶以少保兼礼部尚书之位进入内阁，参与处理机要事务。严嵩与徐阶争夺内阁首辅之职的政治斗争便由此展开。徐阶聪慧机智，颇有谋略，最终整垮严嵩，成为新一任内阁首辅。

公元1368年~公元1644年

//////////大明王朝//////////

徐阶斗严嵩

"青词宰相"，擅权揽政

严嵩，江西分宜人，字惟中，自号介溪。他生于一个贫苦之家，其父严准是一个久考未成而又醉心于权力的人。

严嵩从小就聪颖过人，而且又是长房长孙，他的父亲对其学业十分重视。据说严嵩八岁便可诵读书史，撰写妙文，由于用语独特而被人们赞为神童。历经十几年的刻苦攻读，严嵩终

于在1505年考中进士，被选为翰林院庶吉士，任编修之职。

在嘉靖帝登基初期的"大礼议"过程中，为了顺应嘉靖帝的心意，严嵩特意为嘉靖帝的生父献帝祔太庙配享举行了盛大而庄重的仪式，还在祭祀礼结束之后撰写了《庆云颂》及《大礼告成颂》。由于文辞非凡，受到了嘉靖帝的赞赏。这件事成了严嵩仕途的一个转折点，此后他便青云直上，连连高升。

嘉靖帝沉迷于道教方术，追求玄修，严嵩由于擅长拟写焚化祭天的青词，而且文采出众，所写的青词完全合乎嘉靖帝的心意，因而备受嘉靖帝的宠信。这里所说的青词，即道教斋醮时奏明天帝所使用的奏章祝文，由于是以朱笔写在青藤纸上，故名。

1542年，严嵩被授为武英殿大学士进入文渊阁。严嵩那时已年过花甲，可他依然精力旺盛，充满活力。过了几年，严嵩被提升为首辅，执掌国家政事。尽管他年事已高，却每日都在西苑守庐，在嘉靖帝身边服侍，连家都不回。嘉靖帝十分感动，愈加离不开他，对他也越来越信赖和看重。

严嵩掌控朝政大权后，以他的儿子严世蕃及其义子赵文华为党羽，结交并笼络锦衣卫都指挥陆炳，控制朝政

◀（明）嘉靖窑蓝地金彩香炉

明嘉靖时期，彩瓷的制作进入了高潮，其中金彩的制作特别盛行。常见的彩瓷主要有红地金彩、绿地金彩、蓝地金彩和黄地金彩等。金彩的广泛运用，为彩瓷增添了华丽富贵的气息。

1583年

〉〉女真贵族爱新觉罗·努尔哈赤以祖父、父亲遗留的十三副铠甲起兵，此后率领部众转战辽东，极受拥戴。

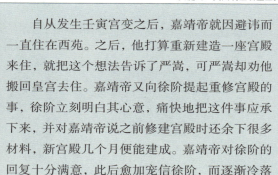

▲天津蓟州区独乐寺匾额

独乐寺，俗称大佛寺，是中国仅存的三大辽代寺院之一。寺山门高约十米，正中匾额楷书"独乐寺"，为明朝严嵩所题，刚劲浑厚。

近二十年。他想方设法排除异己，结党营私，收纳贿赂，横行天下，肆意妄为，导致明朝政治愈加昏暗腐朽，边境防务日渐废弛。

名相徐阶，曲意逢迎

奸诈阴险、祸国殃民的严氏父子，很快就成为大家攻击的对象。1562年，权倾朝野的严氏父子被人揭发，因通倭谋反之罪而被关进了大牢，而策划此次行动的便是和严嵩在内阁共事的徐阶。

徐阶，字子升，号少湖，为人机智，很有韬略。

1523年，徐阶考取了探花，被任命为翰林院编修，后来又几次得到晋升，成了文渊阁大学士。他曾因告发咸宁侯仇鸾之罪而深得嘉靖帝信赖。

那时，严嵩是内阁首辅，而徐阶是内阁大学士，两人同朝将近十年，徐阶始终谨言慎行。严嵩几次设下计谋迫害他，他皆装作毫不知情，从来不去和严嵩争论，总是表现得恭敬、顺从。

自从发生壬寅宫变之后，嘉靖帝就因避讳而一直住在西苑。之后，他打算重新建造一座宫殿来住，就把这个想法告诉了严嵩，可严嵩却劝他搬回皇宫去住。嘉靖帝又向徐阶提起重修宫殿的事，徐阶立刻明白其心意，痛快地把这件事应承下来，并对嘉靖帝说之前修建宫殿时还余下很多材料，新宫殿几个月便能建成。嘉靖帝对徐阶的回复十分满意，此后愈加宠信徐阶，而逐渐冷落了严嵩。

严嵩倒台，徐阶代之

尽管严嵩犯下了诸多罪行，但想整垮他也绝非易事。徐阶为人聪颖，且富有谋略，他很久之前便打算铲除严嵩，可是他也深知只有用计才能成功。

于是，徐阶利用嘉靖帝迷信仙道，将道士蓝道行举荐给了嘉靖帝。如此一来，他便能以仙道之口向嘉靖帝提出建议。

嘉靖帝遇事皆要占卜，因蓝道行与嘉靖帝的亲信太监早有勾结，因此每次蓝道行所说之事都

▼（明）娇黄簋式炉

该器仿铜簋造型，侈口、短颈、夸腹，腹饰两龙头耳。器底平，矮圈足，足圈外侈。胎骨厚重，全器均匀地敷涂娇黄色釉，仅足圈处露白瓷胎，器底无款识，应是景德镇的产品。

◎看世界 / 彼得大帝游历欧洲　　◎时间 / 1697年　　◎关键词 / 乔装 考察

▲（明）"金八宝"墨

这八件墨原集于一盒中，名"金八宝"。墨体皆小，纹饰工致，脱模及修饰细心，外表玲珑有如各式杂佩，有的外表经髹漆、刮磨，变得光滑润泽，成为摩挲把玩的珍品。

能言中，这让嘉靖帝更相信他的话了。

一日，蓝道行在扶乩时对嘉靖帝说："今日有奸臣奏事。"此时，严嵩刚好路过。

久而久之，这些话便逐渐动摇了嘉靖帝对严嵩的信赖。等严嵩失去嘉靖帝的宠信后，徐阶为了获得实质上的进展，就暗中指使御史邹应龙弹劾严嵩。邹应龙便撰写了《贪横阴臣欺君蠹国疏》，弹劾严嵩对其子严世蕃违法受贿、祸害国民的行为不加管束。嘉靖帝因此免除了严嵩的职务，强令其返乡，并把严世蕃流放到雷州服苦役。

至此，独自把持朝政二十年的"青词宰相"终于垮台，徐阶代替严嵩成为新一任内阁首辅。他施行宽松自由的政策，将政权归还给六部，大获人心，被赞为名相。然而徐阶并未忘乎所以，他深知嘉靖帝依然眷念严嵩，为了避免严嵩反扑，徐阶一面经常写信假意问候严嵩父子，一面暗中策划新的计谋，决心把严嵩完全铲除。

严世蕃并未去雷州服役，而是在半路上私自潜逃回老家。严世蕃在家乡依然作威作福，猖狂放肆，而且大兴土木，建造豪宅。1564年，巡按御史林润上奏弹劾严世蕃串通倭寇，企图叛变。嘉靖帝震怒，立刻下旨缉拿严世蕃，将其打入大牢。次年春，严世蕃依罪被处死，严嵩被削为平民，还被没了家产，无家可归。1566年，严嵩在贫病交加中去世，死后既无棺木下葬，也无人祭奠，十分凄凉。直至万历之初，张居正主持国事的时候，方命分宜县县令捡拾严嵩的骸骨放进棺材下葬。

再提到徐阶，尽管显赫一时，但他为了逢迎嘉靖帝的心意而力主建造宫殿，加重了人民的负担。另外，他还侵吞了大量土地，纵容儿子在乡里为非作歹。最后，徐阶的儿子被海瑞判罚流放他乡，田地和产业尽数归公。假如没有张居正的竭力保全，或许徐阶的下场也会像严嵩那样凄凉。

〉〉〉利玛窦绘制第一张中文世界地图《山海舆地图》，使中国人接触到了近代地理学知识。

严嵩执掌大权期间，其党羽倚仗他的权势肆意妄为。当时，不论是朝廷重臣，还是地方官员，皆尽量避让他们。而在浙江淳安县，却有一个秉公执法的小知县，对严嵩的党羽不留一点情面。这个人就是海瑞——明朝嘉靖年间著名的清官。海瑞满腔浩然正气，为官清正廉洁，一生勤俭节约，勇于直谏，喜惩邪恶，劝勉向善，被人们尊为海青天，深得民心。和宋朝的包拯一样，海瑞是中国历史上清官的典范、正义的象征。

公元1368年~公元1644年
////////// 大明王朝 //////////

海瑞罢官

试，并以《治黎策》考中举人。1554年，两次会试失利的海瑞被委任为福建延平府南平县教谕，从此走上仕途。1558年，海瑞又被提拔为浙江淳安知县。在此期间，他订立改革条例，在调整社会秩序、修建水利、促进生产等方面皆作出了很多贡献。与此同时，他毫不畏惧官高势大之人，对严嵩的同党胡宗宪父子等贪官进行打击，对众多冤案、假案、错案重新判决，赢得了人心。因此，被人们称作海青天。

在淳安任职时，海瑞的政治功绩非常突出，受到当时人们的称颂。可由于他得罪了胡宗宪、鄢懋卿等人，原本已被升为嘉兴通判的他，还没有赴任便被鄢懋卿的党羽袁淳编造罪名弹劾而被免去了官职。后来通过福建提学副吏朱衡极力举荐，朝廷才重新任命他为兴国知县。在那里，海瑞编纂了治国兴邦的《兴国八议》，还详细测量田地亩数，削减冗官，大大减轻百姓的负担，立下了卓越的政治功绩。

少年清苦，刚正不阿

海瑞，字汝贤，海南琼山人。他四岁时父亲便因病去世，他与母亲相依为命，日子过得很艰辛。海瑞的母亲谢氏坚强而刚毅，十分勤劳节俭，靠不多的几亩祖田及给别人做针线活过活。在母亲的督导下，海瑞从小就学习了《大学》《中庸》等典籍，再加之母亲给他聘请的良师的悉心点拨与认真管教，海瑞受到了很好的教育，使他早早便有了报效国家、爱护人民的想法。他决意当一名耿直、清明的好官，还自己起号为刚峰，取其做人应坚强刚毅、公正耿直、不惧奸恶之意。后人皆尊敬地称呼他为刚峰先生。

1549年，海瑞参加乡

备棺上疏，冒死谏政

1564年，海瑞被调进京师，任户部主事之职。那时大明王朝已经日趋衰微，土地兼并现象严

◀海瑞像

海瑞是明代著名政治家，琼山人。他一生居官清廉，刚直不阿，廉洁奉公，和宋朝的包拯一样，是中国历史上清官的典范、正义的象征。

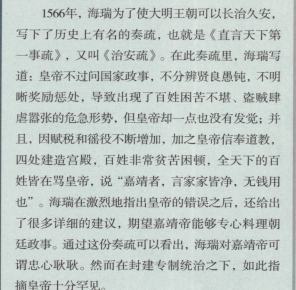

▲（明）雕竹古松水盛

竹根一段，薄壁中凹，略如可盛水的浅盘。外壁及底借由竹根天然鞭节瘿瘤密布之状，雕成松树的鳞皮，旁侧作松干数枝，或斜敧盘绕于外壁，或由外届伸入盘内；松针细密丛生，松鳞深浅错落，枝桠虬生，横斜有致，实为文房陈设的巧作。

重，官员贪污腐败，人民苦不堪言，国家军备不整，敌寇接连骚扰。可是，嘉靖帝却不理朝政，全心修道，完全置国家的兴亡于不顾。

　　1566年，海瑞为了使大明王朝可以长治久安，写下了历史上有名的奏疏，也就是《直言天下第一事疏》，又叫《治安疏》。在此奏疏里，海瑞写道：皇帝不过问国家政事，不分辨贤良愚钝，不明晰奖励惩处，导致出现了百姓困苦不堪、盗贼肆虐嚣张的危急形势，但皇帝却一点也没有发觉；并且，因赋税和徭役不断增加，加之皇帝信奉道教，四处建造宫殿，百姓非常贫苦困顿，全天下的百姓皆在骂皇帝，说"嘉靖者，言家家皆净，无钱用也"。海瑞在激烈地指出皇帝的错误之后，还给出了很多详细的建议，期望嘉靖帝能够专心料理朝廷政事。通过这份奏疏可以看出，海瑞对嘉靖帝可谓忠心耿耿。然而在封建专制统治之下，如此指摘皇帝十分罕见。

　　嘉靖帝看了海瑞的奏疏之后非常气愤，把奏疏丢到地上，对身边的侍从说道："赶快将海瑞给朕逮起来，休叫他逃了！"太监黄锦钦佩海瑞的一身傲骨，有意要庇护他，便向嘉靖帝进言道："这个人一向有呆傻之名，乃一介穷酸书生。据说他递上奏疏之后，知道自己罪该受死，因此把棺木都准备好了，并与家人永诀道别，看来他是不会逃走的。"嘉靖帝听完后并未作声。过了片刻，嘉靖帝拾起海瑞的奏疏又读了几遍，认为海瑞的言语的确切中要害。嘉靖帝曾经说海瑞能和忠臣比干相媲美，可是他又不愿意承认自己像商纣

▲海瑞墓

海瑞墓园坐落在海南省海口市，始建于明万历十七年（1589），是皇帝派人专程到海南监督修建而成的。据说，当海瑞的灵柩运至现墓地时，抬灵柩的绳子突然断了，人们以为这是海瑞自选风水宝地，于是将其就地下葬。

1586年

王一样。之后，嘉靖帝还是下旨将海瑞关进大牢，命锦衣卫审讯，并判处其死刑。狱词呈上后，嘉靖帝却一直将其压在宫里未对外发布。那时，户部有个名为何以尚的司务上奏恳求皇帝放海瑞。嘉靖帝震怒，马上下旨把何以尚抓进大牢，严刑逼供。

那时，徐阶在京城担任首辅大臣，他有时也会规劝嘉靖帝莫要怪罪海瑞。嘉靖帝自知尽管海瑞言辞刻薄，可是他讲的并没有错。所以，虽然定了海瑞死罪，但嘉靖帝却一直没有下旨行刑。海瑞就这样一直在牢里待着。直到1566年年底，嘉靖帝因病去世，海瑞才官复原职，不久又改任兵部武库司主事。1567年，海瑞被调为尚宝司司丞，后来又被提升为大理寺寺丞、南京右通政。

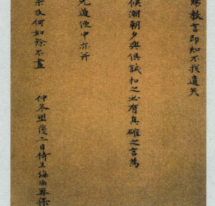

▲海瑞奏折

此为海瑞任户部云南清吏司主事时呈给明嘉靖皇帝的奏折，奏原任工部左侍郎严世蕃及父严嵩操纵朝中大权，收受贿赂，拉帮结派，专政叛君等。奏折封面为一幅水墨山水画，上书"仿唐伯虎渔樵问答图，延津申启贤临"。

▲（明）海瑞《奉别帖》

《奉别帖》为目前海瑞流传于世的唯一可信墨迹，内容为海瑞写给友人的一封信，书写随意，但点画之间用笔精到，精力弥满，毫无疲软之态。

不退还了一半田地。其他地主知道后，急忙把自己霸占的农田如数退了回来。

徐阶的三儿子徐瑛强占农田，横行乡野，霸占民女。海瑞将事实调查清楚后，判处徐瑛死刑，强令其退还农田。徐阶知道后收买了官高势大之人，想要免除海瑞的官职，为徐瑛翻案。海瑞识穿阴谋后，果断地处死了徐瑛，随后毅然辞官返乡，回归故里，赋闲十六年。海瑞在1585年又被重新任用，先后担任了南京吏部右侍郎和南京右佥都御史。在任期间，他严厉惩处贪污腐败的官员，坚决打击营私舞弊。1587年，海瑞在南京病逝，被追赠为太子少保，谥号忠介。

为民除害，慨然罢官

海瑞在1569年被提升为右佥都御史，外放应天巡抚。到任后，他发现在这样一个富饶的地方，百姓却因繁重的赋税及贪官的压迫而生活得十分贫苦。经过实地察访之后，他先派人疏通了吴淞江和白茆河，解决了三吴地区的水患问题。

然后，为保护民众的利益，海瑞惩处恶霸，将他们抢占的田地归还给民众。曾对海瑞有恩的徐阶在当地霸占的田地最多，海瑞就写信劝说他做个榜样，将农田退还给民众。最终，徐阶不得

海瑞为人耿直刚烈，为官清正廉洁，在任期间除暴安良，扶危济困，洗雪了众多冤案，因而深受民众爱戴。同宋朝的包拯一样，海瑞也成了中国历史上清官的代表与正义的化身。

到了嘉靖时，大明王朝已经病入膏肓，处处隐藏着危机。嘉靖帝期望长生不老，沉醉于《庆云颂》精妙的辞章中，整日摆坛作法不理政事，把朝政完全交给严嵩父子。严崇父子趁机肆意妄为，贪污受贿，违反法纪。布衣出身的内阁首辅张居正便是在这样的情形下被推向历史前台的，他凭借卓越的胆识与才智，整顿朝廷纲纪，稳固国家边防，施行一条鞭法，给岌岌可危的大明王朝带来了一线生机。也正是由于其卓著的历史功绩，张居正被赞为"宰相之杰"。

公元1368年～公元1644年
//////////大明王朝//////////
张居正改革

◀张居正像
张居正，字叔大，少名白圭，江陵人。明代政治家、改革家。他就任内阁首辅后，整饬朝纲，巩固国防，推行一条鞭法，使得大明王朝得以重新焕发生机。

危机四伏的明王朝

到了明朝中期，贵族地主们侵吞土地的现象非常严重：江南地区的一些大地主霸占田地达七万顷；朝廷中的大学士徐阶侵占农田二十四万亩。全国大约有二分之一需缴纳税银的田地被大地主暗中侵占，他们拒绝缴纳税银，这大大减少了国库的收入。大官僚地主肆意侵夺土地，使封建剥削更加严重，社会矛盾更加突出，以致接连爆发了邓茂七、刘通、蓝廷瑞、刘六、刘七等农民起义，明朝的处境十分危急。

如何才能让封建统治继续下去呢？在执掌大权的人中，一些有着远见卓识的人认为只能力革政治，探寻自救之路。张居正的革新举措便是在这样的背景下施行的。

大权在握，整饬朝纲

生于湖北江陵的张居正，字叔大，号太岳，是明朝的政治家、改革家。作为内阁首辅，他辅佐万历帝进行改革，史称"万历新政"。

张居正年少之时便聪慧绝伦，十五岁成了举人。1547年，张居正考中进士，后来又入选庶吉士，每天研究国家典制掌故，深得徐阶的赏识与爱重。徐阶取代严嵩做了内阁首辅之后，许多事都和张居正商量，张居正也被提拔为礼部右侍郎兼翰林院学士。没过一年，张居正又被升任为礼部尚书兼武英殿大学士，成为内阁成员。

〉〉〉清官海瑞逝世。海瑞一生清廉为政，在任期间除暴安良，扶危济困，并屡平冤假错案，有"海青天"之誉。

张居正勇于行事，充满自信，且很有心机。进入内阁后，他十分高傲，从来都不接纳九卿的观点。但是他每次说话又能正中要害，因此众人都非常敬畏他。

后来，高拱将首辅徐阶排挤出内阁，自己当了首辅。可是高拱自大专断，不得人心，终因冒犯了司礼秉笔太监冯保而被赶出官场。随后，张居正担任了内阁首辅。

张居正高居首辅之位，手握大权，同时还拥有皇帝的支持与信赖，于是他便从万历之初开始，逐步推行革新措施。这些措施主要有：

在内政上整饬吏治，强化中央集权制度。他制定了考成法，严格调查各级官员执行朝廷旨意的情况，规定地方按期将政事汇报给内阁，提升内阁的实际权力；免除墨守成规、不支持革新的顽固派官员，选拔支持革新的新生势力，为施行新法做好组织准备工作。张居正整饬吏治的目的主要还是富国强兵，这条红线贯穿于他的改革始终。

在军事上，张居正也推行了诸多革新措施。他派遣戚继光驻守蓟门，派遣李成梁驻守辽东，还在东自山海关，西到居庸关的长城上修建了三千多座"敌台"。他还和鞑靼俺答汗之间开展茶马市，保持贸易往来，施行和平政策。从此以后，北方的边境防务变得愈加稳固，明朝与鞑靼之间在二三十年里都未爆发过大的战争。

一条鞭法的推行

张居正在经济上功绩显著。在水利方面，他曾经任命有名的水利学家潘季驯负责监督治理黄河，使得黄河不再向南流进淮河，因此"田庐皆尽已出，数十年弃地转为耕桑"。

在经济革新上，张居正推行的重要内容便是一条鞭法，这也是中国封建社会赋役史上的一次

▲《帝鉴图说》书影

《帝鉴图说》由大学士张居正亲自编撰，是供当时年仅十岁的明神宗阅读的教科书，由一个个小的故事构成，每个故事配以形象的插图，诠释帝王之道。

重要改革。明初的赋税制度非常繁多而复杂。那时的赋税主要是粮食，其次是银绢，共分夏秋两个季节收取。另外，朝廷还要求农民必须服官府摊派的各种徭役，还要缴纳土特产等。一条鞭法则规定："总括一县之赋役，量地计丁，一概征银，官为分解，雇役应付……丁粮必输于官。"意思就是说将各州县的田税、徭役和其他杂征归结成一条，合起来收取银两，根据亩数折合上缴，使征收的手续变得极为简单，也让地方官吏很难徇私舞弊。如果施行这一方法，户丁只需交钱便可不服徭役，这使得无田的商人、手工业者能免于承担劳役，而有田的农民也可有更多时间进行耕种，在促进农业生产上有一定的积极作用。与此同时，将徭役变成收取银两，使得农民拥有了更多的人身自由，较易脱离土地，这便为城市手工业提供了较多的劳动力，很好地促进了工商业的发展。

施行一条鞭法后，明朝政府每年的收入明显增加。当时太仓存粮有一千三百余万石，能供食用十年之久。这同嘉靖时国库存粮不足以食用一年的情况相比，的确是个非常大的进步。

〉〉〉文史学家王世贞逝世。王世贞，字元美，号凤洲，倡导文学复古运动，著有《弇州山人四部稿》《弇山堂别集》等。

1590年

◎看世界／俄国彼得一世去世　　◎时间／1725年　　◎关键词／其妻继位

在历经这些变革之后，中央集权的封建国家机器得到了加强，大致使"法之必行""言之必效"成为现实，国家的经济情况获得好转，财政收入得到增加，国家在防御方面的能力也有所提高。当然，张居正提倡变革的目的并非是为了减轻百姓负担，而是为了稳固明朝的封建统治。所以，他的改革不会影响地主阶级的根本利益，而只是进行一些修补式的改善。虽然是这样，张居正的变革在某种程度上还是对大官僚、大地主的特殊权益进行了限制，因此，他的改革受到了这一阶层的强烈反对。

人亡而政息

张居正于1582年病逝，他死后，那些反对变革的人重新聚集起来上奏，弹劾张居正执掌政权期间的专断蛮横、肆意妄为。他们指责张居正变革是"务为烦碎"，详细测量土地是"增税害民"，推行一条鞭法则是扰乱祖制。在他们的请求下，神宗下旨将张居正死时追加的官爵与封号都取消，并抄没其家产。张居正的大儿子被逼迫得自尽身亡，其余家眷也遭到残害。张居正当政时所任用的一些官吏不是被免除了官职，就是被处以弃市之刑。同时，朝廷的政策又都恢复到从前弊病百出的老样子。

十年的革新功效随之东去，明朝在衰微没落之路上也难以回头。在朝野一片毁谤声中，唯独学者李贽对张居正作出了公平合理的评判，赞扬他实乃"宰相之杰"。

纵观张居正的一生，有功有过。然而，他身为一个封建士大夫，可以无怨无悔地劳碌，勇于整饬废弛的政治秩序，努力让国家富足、百姓丰盈、边防稳固，也算是一个耿直公正的好官员。

▲（明）云龙纹金酒注

酒注通高约21.8厘米，直口，粗颈，方腹。圆筒型高圈足，耳形把，细长流。通体沙地，盖、颈、腹、把、流、高圈足上满饰如意云纹、海水江崖纹等。酒注造型端庄华贵，色泽温润柔美，堪称明代金镶玉的代表作。此器出土时于万历帝棺内。

◀（明）金丝蟠龙翼善冠

该器通高24厘米，重826克，用极细的金丝编织而成，属于皇帝常服冠戴。下缘内外镶有金口，冠的后上方有两条左右对称的蟠龙于顶部汇合，龙首在上方，张口吐舌，双目圆睁，龙身弯曲盘绕。两龙之间有一圆形火珠，周围喷射出火焰。制作工艺技巧登峰造极，达到了炉火纯青的地步。

〉〉〉明政府向朝鲜派兵，援助朝鲜抵抗日本的军事扩张。

中日两国相距不远，两国人民很早之前便开始和平往来。然而到了明朝初年，日本国内局势发生了变化，日本海盗多次骚扰中国沿海区域，因中国古籍称日本为倭国，人们便用"倭寇"一词来称呼他们。到了嘉靖朝，倭寇更加猖狂，整个沿海地区都饱受其害。戚继光以满腔的爱国热情，统领他的戚家军反抗倭寇，屡战屡胜。戚家军的雄威令倭寇非常恐惧，他们从此不敢再上岸抢掠。以戚继光为代表的中国军民在中华民族抗击外部侵扰的历史上，写下了光辉的一页。

公元1368年~公元1644年
////////////大明王朝////////////
戚继光抗倭

求恢复两国邦交，其主要目的是消除倭患。

然而，因日本正处于分裂对峙的局面，明朝虽多次派遣使臣，却收效甚微，倭寇的骚扰反而日益频繁，北到山东，南至福建，整个沿海地区都遭受掳掠。

嘉靖年间，伴随着东南沿海地区商品经济的发展，越来越多的官员及有钱有势的人开始从商。某些明朝的官员开始同这些倭寇有了往来，如汪直、徐海之流同倭寇串通，形成了武装劫掠的团伙。

愈演愈烈的倭寇之患

倭患从明朝初期开始便一直存在。

朱元璋创建明朝时，日本恰好处在封建割据的南北朝时期。1336年，攻入日本京都的足利尊氏废掉了后醍醐天皇，另外拥立了天皇，自己则担任征夷大将军，在京都设立了幕府。而后醍醐天皇向南逃到吉野，建立了朝廷，历史上称之为南朝，京都的朝廷则被称作北朝。

在南、北两个朝廷之外，还存在着很多割据势力——守护大名。他们除相互斗争以外，还时常支持和串通海盗商人侵扰、掠夺中国沿海区域，造成了元末明初的倭患。

朱元璋登基后，接连派使臣前往日本，力

▶戚继光像

戚继光戎马一生，不仅抗击倭寇战功卓著，而且擅长练兵育将，其所撰《纪效新书》《练兵实纪》是明代著名兵书，受到历代兵家的重视。

▲（明）戚继光《送小山李先生归蓬莱诗轴》

这首七言律诗，书于明隆庆四年（1570）。戚继光虽不以书名世，但此帖行笔流畅，气势奔放，英雄豪情跃然纸上。

1548年，明朝派遣朱纨到浙江巡视。

朱纨上任后，对海面进行了封锁，将与倭寇串通的李光头等九十六人杀死。朱纨所采取的这些海禁措施，触及了与倭寇串通的官员及富豪的利益，他们煽动在朝的官员，指责朱纨擅自杀戮。最后，朱纨被逼自尽。从那以后，朝廷不再设立巡视大臣，朝廷内外也没有人敢再提海禁一事。这使得倭寇变得愈加嚣张。

▶蓬莱水城

山东蓬莱是戚继光的故乡，而蓬莱水城就是戚继光训练水军的地方。

"封侯非我意，但愿海波平"

戚继光，山东登州（今山东蓬莱）人，字元敬，号南塘，晚年自号孟诸。他生于将门，年少时就非常喜欢看书，通晓经史的精要之处，后承袭登州卫指挥佥事，负责在山东防御倭寇。

戚继光曾经以"封侯非我意，但愿海波平"的诗句抒发自己铲除倭患的信心与斗志，他率兵反抗倭寇，守卫国家，在中华民族抗击外部侵扰的历史上，书写了灿烂的一章。

1555年，戚继光由山东调至浙江抗击倭寇。他见卫所的军士丝毫没有作战能力，而民众却奋勇抗击倭寇，便征募三千名义乌等地的农民及矿工进行训练，称作"戚家军"。

戚家军的军纪十分严格，征战时若有骚扰民众行为的人，就会被当众处斩。因而，不管戚家军在何处作战，都能得到当地百姓的大力支持，当地少数民族都愿意为他们效劳。戚继光很重视训练军队，特别善于培养将领，且奖罚分明，所以他的军队有十分强大的战斗力。此外，他还根据倭寇的倭刀、长枪、重矢等武器的特殊之处，编制了新的阵法——鸳鸯阵。此阵使长兵器与短兵器能够巧妙配合，极大地提高了战斗力。

◎**看世界**／奥地利王位继承战争结束　　　◎**时间**／1748年　　　◎**关键词**／《亚琛和约》

在抗击倭寇的斗争中，戚家军因立下卓著的功勋而威名大振。

1561年，数千名倭寇侵扰浙江台州、桃渚、圻头等地，戚继光率领军队在民众的支持和配合下，多次与倭寇交锋，大获全胜，消灭了大批倭寇，赢得了决定性胜利。

与此同时，卢镗、牛天锡在宁波、温州也击溃了倭寇。浙东的倭寇被彻底铲除了。

次年，倭寇向福建发起大规模进攻，由温州来的倭寇和福宁、连江的倭寇联合起来将寿宁、政和、宁德攻克，从广东南澳来的倭寇和福清、长乐等地的倭寇攻克玄钟所，还侵扰龙岩、松溪、大田、古田和莆田等地。倭寇在距离宁德五千米的横屿据险坚守，与明军对峙了一年多。后续抵达的倭寇在牛田、兴化建营驻守，与其先导部队彼此支援，导致福建的局势日益危急。这时，戚继光领兵奔赴福建剿杀倭寇。戚继光先攻克了横屿，处死了两千多人，之后又乘胜攻破牛田，将倭寇的盘踞之地彻底摧毁。

倭寇向兴化逃亡，戚继光紧追不舍，当夜接连攻下六十余营，剿灭大量倭寇。戚家军来到兴化城，受到了民众的热情欢迎。戚继光率兵返回福清时，又剿灭了上岸的两百名倭寇。

戚继光回到浙江之后，大批倭寇再次进犯福建，并攻陷了兴化城。明朝任命俞大猷做福建总兵官，戚继光任副职，再次出征。

1563年，戚家军重新浩浩荡荡地杀入福建。明军在平海跟倭寇展开较量，戚继光领兵最先杀进城门，剿灭两千多名敌寇。由于战功显赫，戚继光被提升为总兵官。

次年，倭寇重新集结万余名残余党羽围攻仙游。戚继光先在城下击败倭寇主力，随后又追杀残余倭寇，剿灭了无数敌寇。

后来，戚继光又在福宁击败倭寇，还和俞大猷联合起来将福建内的倭寇全部清除。至此，东南沿海的倭寇被彻底铲除。

在四十余年的征战经历中，戚继光可以说是"一年三百六十日，多是横戈马上行"，抗击倭寇的功勋十分卓著，可称为一代爱国名将。后来他驻守蓟州，积极修建城池堡垒，分路设置防线，有效防御了蒙古骑兵，被当时的人们赞为"足称振古之名将，无愧万里之长城"。

戚继光不但战功显赫，还在军事理论上颇有成就，著作有《纪效新书》和《练兵实纪》，这两部兵书被后世的兵家所尊崇推重。

▲**（明）嘉靖青花龙纹环耳瓶**
明代除了御服用的纹饰外，御用瓷器上也常以龙为主要纹饰。这个时期人们以豪迈粗犷、不受拘泥的笔调将龙纹简化，并以平涂方式渲染，用笔草率马虎，这种平面龙纹别有一番率真自然的趣味。

明神宗长期怠政，使得大明王朝呈现出一片黑暗的衰败景象，而明末三大案则是这种衰败景象在宫廷中的一个缩影。明末三大案是指发生在明朝末年宫廷中的梃击案、红丸案和移宫案。这三件疑案牵涉到明神宗、明光宗、明熹宗三代皇帝，但以明光宗朱常洛为轴心人物。这三起事件本身并不是很重要，但影响到日后的国务运作、朋党之争、辽东战局等，是明朝开始走向纷乱和衰亡的标志。

公元1368年~公元1644年
//////////大明王朝//////////
明末宫廷三大案

梃击案

中国历代皇朝的礼仪制度规定，皇帝应将皇后所生的嫡长子立为太子，如果皇后未生出皇子，便将皇子中年龄最长者立为太子。明神宗万历皇帝在位时，因王皇后未生出皇子，所以皇太后李氏、皇后王氏以及朝臣（多为后来的东林党人）便力主将皇长子朱常洛立为太子。但是，由于朱常洛是神宗皇帝偶然临幸的宫女所生，而神宗皇帝想将自己最宠爱的郑贵妃的儿子福王朱常洵立为太子，所以双方相持，互不退让。原来的国本之

▶（明）嵌宝石葵花形金簪
后宫用器，在重叠的金莲瓣中心镶嵌着晶莹剔透的黄碧玺，周围环绕着十六颗红蓝宝石，色泽华丽，非常贵重。

争，后来演化为皇帝和朝臣间的势力之争。最终，朱常洛被立为太子。郑贵妃一班人并不死心，双方明争暗斗，引发了明朝建国以来最严重的宫廷仇杀事件——梃击案。

1615年春天，一个不明身份的男子手握一根大棍，私自闯进太子居住的慈庆宫。这个人到达第一道宫门时，看到两个老太监守着门，便挥起大棍将其中一人打伤，然后径直闯进宫里。到达第二道宫门时，竟然畅通无阻，于是他顺利进入，直接来到殿檐下，企图谋害太子。正在这时，太子内侍韩本用突然发现此人，便高声叫喊，七八个太监一拥而上，把该男子擒拿住。通过审问得知，此人名叫张差，蓟州人氏。这次是跟随乡人马三道、李守才及太监庞保入京的，到了京城之后便住在太监刘成的宅中。而太监庞保、刘成都是郑贵妃的心腹，故而此事疑与郑贵妃为子争夺太子位有关联。

有的朝廷大臣猜测是郑贵妃企图加害太子，王志、何士晋、张问达等大臣上奏指责外戚郑国泰专擅。郑贵妃因而整日惶恐不安，常在皇帝面前哭诉，明神宗让她去对太子说明心事。最终皇帝及太子都不想再追究此事，便以疯傻奸徒罪把张差凌迟处死。没过多久，刑部、都察院、大理寺三法司先后五次会同审讯庞保、刘成二人，但庞保、刘成二

▲（明）累丝龙纹金盖、金托盘、玉碗

金托盘浅弧腹，口沿边外卷，平底。底部正中凸起圈形足碗托，上安放一只白玉碗，盘底为沙地，上饰八组云纹及二龙赶珠纹，碗托内为云纹，托外饰连云纹。整器构思巧妙，造型规整，纹饰繁密，金黄色的镂孔中隐现白玉碗，尽显帝王用器的豪华富丽。

人矢口否认与案件有关。后来，神宗皇帝秘密命令太监处死了庞保、刘成，于是整个案件便草率地了结了。在历史上，此案被称为梃击案。

　　事后，郑贵妃权势大减，神宗打消了将福王立为太子的念头，而太子朱常洛的地位也因此得到了巩固。

红丸案

　　1620年，明神宗因病去世。太子朱常洛终于等到了出头之日，登基做了皇帝，他就是历史上的明光宗。由于光宗将年号改成了泰昌，故而人们也习惯称他为泰昌帝。原本以为新皇帝登基伊始，定会有所作为，没料到新帝即位后没过多久便大病不起。

　　原来在梃击案之后，原先处处难为太子的郑贵妃突然改变了以往怠慢无礼的态度，将众多金银珠宝及八个美女进献给太子，其中有一个名叫李选侍的美女深受朱常洛的喜爱。压抑过久的朱常洛开始肆无忌惮地纵欲淫乐，身体一日不如一日。即位后，光宗病情加重，便召来内官崔文升进行医治。崔文升本来应该使用培元固本的药物，却使用了去热通利的药物，导致光宗一直腹泻，精神更加萎靡。又过了半个月，光宗召方从哲等朝廷重臣觐见，方从哲推荐鸿胪寺丞李可灼为其治病。光宗吞下一颗李可灼呈献的红色丹药之后，立刻感到滋润顺畅，病症大为减轻。光宗喜出望外，接连夸赞其为忠臣，便又吞下了李可灼呈献的第二颗丹药。然而此次的情形却完全不同了，还不到几个小时，光宗就陷入了昏迷之中，没过多久便命归西天了。

　　明光宗朱常洛登基一个月便病逝了，这无疑是一件大事，一时间朝廷内外众说纷纭。朝臣们想

◎看世界／里斯本大地震　　◎时间／1755年　　◎关键词／葡萄牙 死伤惨重

▶（明）三彩鲤鱼水注

明三彩俗称绿货，是一种以绿釉为主，蓝、黄、白等釉为辅的陶瓷。绿釉的变化十分丰富，有翠绿、深绿、苹果绿、草绿等。蓝釉是明三彩当中的上品，数量十分稀少。此外还有白釉和紫釉等不同品种，色彩纷繁，具有非常好的装饰效果。

起当年的梃击案，禁不住心生疑团。进献泻药的崔文升乃郑贵妃的手下，方从哲一直攀附郑贵妃，李可灼则是被方从哲推荐的，这一连串事件难道不是有意加害皇帝吗？所以朝臣们要求严厉处置疑犯，这就是红丸案。此案争论了八年之久，最终，新即位的明熹宗朱由校受舆论压力的逼迫，免除了推荐李可灼治病献药的内阁首辅方从哲的官职，把崔文升流放到南京，把李可灼发配边疆，这宗案件便这样草率了结了。

移宫案

谁知红丸案尚未平息，又发生了一宗案件。当年，朱常洛在太子妃郭氏死后没有再立太子妃。待做了皇帝后，他就将自己宠爱的李选侍带入乾清宫。李选侍进入乾清宫后，取得了照顾两名皇子的权利，皇后之位好像很快便能得到。然而朱常洛只做了一个月皇帝就病逝了，死前也未将李选侍封为皇后。如此一来，李选侍就只得搬离乾清宫。然而李选侍却在乾清宫以皇太子朱由校要挟，命太监手持棍棒守住宫门，不许朝廷大臣亲近太子。她企图通过这种方式先将自己封为皇后，然后再封为太后。对此，朝廷上下议论不断。历经一轮激烈的争斗后，杨涟等众多大臣对李选侍愈加气愤，都上奏要求她马上搬离乾清宫。李选侍一直待到明熹宗即位之时依然不愿搬走，最后东林党的杨涟、左光斗勇敢地站了出来，在乾清宫外斥退把守的太监。朝廷众多臣子齐集乾清宫门前大声呼喊，李选侍见此情形十分畏惧，只好离开乾清宫。这便是史上有名的移宫案。

上述三宗案件是明朝最高统治阶级内部矛盾的集中体现，尽管这些案件在当时好像皆有了确定的论断，但它们却成了日后朝廷中各路党派斗争的借口。党派斗争由此变得日益激烈。所以后世人曾说："明朝并非灭亡于崇祯，而是灭亡于万历。"

▶（明）累丝嵌宝石金凤簪

簪柄扁尖，凤尾展开呈火焰状，錾刻凤羽细如发丝，排列整齐呈镂空状。金凤的胸、腹、翅、尾等部分用丝绕、盘丝工艺制成，上镶嵌红、蓝宝石，戴在头上，凤尾颤动，充满动感，富丽堂皇，尽显皇宫妃嫔用器的雍容华贵。

〉〉〉著名剧作家汤显祖创作了《牡丹亭》。

◎看世界／《社会契约论》出版　　　◎时间／1762年　　　◎关键词／法国启蒙思想家卢梭

公元1368年~公元1644年
/////////大明王朝/////////
魏忠贤专权

明朝末年，皇帝昏庸无道，不理朝政，使得大权旁落，宦官专权的情况愈演愈烈。明光宗去世后，其长子朱由校继位，史称明熹宗。明熹宗在位时，阶级矛盾、民族矛盾、统治阶级内部矛盾空前激化，封建专制皇权面临严重危机。恰是在这样的情境下，大太监魏忠贤登上了政治舞台，把中国历史上的宦官专权推到了登峰造极的地步。魏忠贤把持朝政七年，使明末各种社会矛盾更加激化，加速了明王朝的崩溃。

无赖出身，横行无忌

在封建社会，"万岁爷"是皇帝专有的称呼，有时王公贵族会被称作"千岁"。但身为一个宦官，却能被称作只比皇帝低一点儿的"九千岁"，这在中国历史上只有大宦官魏忠贤一个人做到。

魏忠贤原本是个游手好闲的人，为逃避赌债而将自己阉割进了宫。他不识字，但见闻甚广，记忆力强，善于奉承。当时，皇长孙朱由校的奶妈客氏放荡凶残，她十分清楚皇长孙就是日后的皇帝，所以特别尽心地侍奉朱由校，也因此深受朱由校的信任。那时，明朝宫中非常盛行宦官和宫中女子结为假夫妻的现象，这种行为叫作对食，魏忠贤便和客氏结为对食。明熹宗朱由校登基后，客氏深受偏

爱及信赖，被册封为奉圣夫人，她家中的子弟也被授以锦衣千户。目不识丁的魏忠贤也因客氏的关系而当上了司礼秉笔太监。客氏与魏忠贤二人狼狈为奸，一起掌管宫中大政。对他们的行为有所鄙视的太监、宫女，甚至皇后、妃嫔都受到了他们的胁迫或残害。

客氏和魏忠贤的专权同熹宗懒于朝政有密切的关系。熹宗生来爱动，喜欢骑马奔驰、坐船游玩、演习训练。魏忠贤曲意逢迎，把从各地挑选来的良马献给熹宗，致使皇宫几乎变成了跑马场。魏忠贤时常领着皇帝去北海乘舟游玩，有的时候他自己还和客氏假扮船夫取悦熹宗。魏忠贤选出一万多名甲士在宫中摆阵，让宫女和太监皆列入阵里，早晚演练，称作内操。皇帝像将领指挥战斗一样指挥他们，玩得很高兴。懈怠朝政的熹宗擅长木工制作以及土木工程，时常在宫里做木具。非常了解皇帝性格的魏忠贤专门挑选皇帝专心做木工活的时候向其请示事情，皇帝总是不耐烦地将决定权转交给他，这恰好给了他胡作非为的机会。皇帝的不加约束，使得手握大权的魏忠

◀（明）法花莲塘梅瓶
标准的法花器是以陶或白瓷为胎，在器形做好后，用毛笔蘸着泥浆在器表描出凸起的纹饰轮廓，待干燥后，入窑将土坯烧热。出窑后，再用各色低温釉彩填入纹饰，再入窑将色釉烧溶以附着在坯面上。这件法花彩小口梅瓶采用立粉技术堆贴出文饰轮廓，然后用蓝彩打底色，绿彩绘文饰，具有很强的立体感。

贤得意忘形。魏忠贤每次出宫皆大张旗鼓、排场浩大，官绅士人都得在路两边跪着，并高声呼喊"九千岁"。

操纵政局，迫害政敌

东林党是明末以江南士大夫为主体的一个官僚阶级政治团体，他们反对矿监、税监的掳掠行为，力主大开言论，施行改革。熹宗即位之初，东林党人在朝中的地位很高。叶向高、杨涟、左光斗等东林党人皆为朝廷重臣。魏忠贤要控制政局，必须铲除东林党人。他先指派心腹制造了汪文言案，想以此捏造罪名，诬陷迫害东林党人。御史杨涟上疏揭发魏忠贤的二十四条罪行，其奏疏证据确凿、词严理正。但熹宗受魏忠贤的蛊惑，不但未指责魏忠贤，反而责备杨涟无中生有、胡说八道。

熹宗对魏忠贤的放纵使魏忠贤的气焰更加嚣张，他着手大肆残害东林党人。杨涟、左光斗等皆因受其污蔑而死。魏忠贤的党羽还编制了《东林同志录》及《东林点将录》，将异己分子都列进东林党人的名单加以残害。连被贬在外或者罢职赋闲家中的东林党人也没能逃过此劫。魏忠贤当政时期，东林党人的势力遭到了严重的打击。

权倾朝野，鹰犬众多

魏忠贤权倾一时，一些游手好闲、钻营取巧的人争先恐后地投奔到他的门下，抢着做他的干儿子、义孙子。年龄比魏忠贤大很多的礼部尚书顾秉谦领着儿子拜见魏忠贤，说自己已胡须全白，若直接当魏忠贤的儿子似乎不太适宜，请求魏忠贤将他的儿子收作义孙。大学士魏广微由于也姓魏，便自认为魏忠贤的侄子，受到了魏忠贤的信赖。后来，无论魏广微打算提升或者罢免哪位官员，魏忠贤都会批准。魏忠贤的干儿、义孙们仗势欺人，为所欲为，作恶多端，是魏忠贤残害反对者的帮凶。

那些围在魏忠贤身边不知廉耻的人为了奉承魏忠贤，还想出了为他设立生祠、塑造人像等手段。浙江巡抚潘汝桢，在杭州西湖边上给魏忠贤设立了生祠，其规格高于岳飞庙和关公庙。之后，各地都抚大吏乃至商人、地痞皆纷纷效法，并请皇帝给他们设立的魏忠贤生祠题字赐名。这些人朝着魏忠贤的塑像五拜三稽首，高喊九千岁，使全国歪风邪气盛行。为了表达对魏忠贤的尊崇，他们不称呼魏忠贤的名字，而是叫他厂臣。

此外，魏忠贤还经常贪功请赏。那时努尔哈赤在东北兴起，袁崇焕领兵取得宁远大捷后，没出一份力的魏忠贤却被加封了官爵。

大势已去，畏罪自杀

1627年，年仅二十三岁的熹宗由于纵欲无度而染上重病，没过多久就死了。由于熹宗无子嗣，在他去世前，张皇后便推荐熹宗之弟信王朱由检来继承皇位。朱由检就是后来的崇祯帝。

崇祯帝对魏忠贤与客氏二人的专权深怀不满，所以登基后立刻寻机铲除他们。御史、言官们也群起响应，纷纷上奏指出魏忠贤的罪行。于是崇祯帝因势利导，将魏忠贤逐出宫，勒令其前往凤阳。魏忠贤尚未抵达凤阳便听说皇帝不满他豢养亡命之徒，命锦衣卫前去逮捕他，他眼看局势已无可挽回，便在旅店里畏罪上吊了。客氏则先被轰到浣衣局服劳役，后来被打死。魏忠贤和客氏的大部分家族成员也被处死，那些攀附他们的人则被赶出朝廷。东林党人又开始得到重用，但这已然无法阻止明朝走向亡国的脚步。

1598年

◎ **看世界** / 英国占领澳大利亚　　　◎ **时间** / 1770年　　　◎ **关键词** / 航海家　殖民侵略

从1586年至1614年，万历朝针对册立太子一事进行了将近三十年的"国本之争"。万历后期，以顾宪成等人为主的东林党和以魏忠贤为首的阉党，以争国本为由，相互攻击。明天启年间，魏忠贤专政，阉党势力迅速发展，对东林党人进行血腥镇压。他们给东林党人捏造罪名，制造了许多冤案，使众多仁人志士惨遭戕害，朝廷内部乌烟瘴气，朝政愈加腐朽。后来魏忠贤自缢而死，阉党对东林党人的迫害才告停。但东林党与阉党的斗争，一直延续到了南明时期。

公元1368年～公元1644年
//////////// 大明王朝 ////////////
东林冤案

东林党呢？原来，在明朝万历年间，针对册立太子一事，朝廷中分成几派意见不同的势力集团。吏部文选司郎中顾宪成主张将皇长子朱常洛立为太子，但明神宗特别想立自己最宠爱的郑贵妃之子朱常洵，顾宪成因而被削去官籍、革职回家。

无锡城东有座东林书院，是宋朝名儒杨时的讲学之地。顾宪成与其弟顾允成、高攀龙、钱一本等志趣相同的友人在书院中讲学，并定期举行集会。那些厌恶当时社会风气、与朝廷政见不合的士大夫和归隐乡野的士大夫都来此集会，书院时常爆满。这些壮志难酬的士大夫在讲学的闲暇，还在书院里讽谏、议论时政，评论人物好坏，抒发高尚的情怀。他们的这一举动受到社会上对现实不满的地主、官员、知识分子以及商人的赞同与鼓励，朝中与他们看法相同的官员士大夫也遥相呼应。东林书院便逐渐成了主导社会舆论的地方，而反对他们的人却将他们称作东林党。

讲学集会，讽议时政

无锡的苏家弄里，有所叫东林小学的学校。这里原本是明末东林党人讲学的东林书院。院里贴着一副非常著名的对联："风声，雨声，读书声，声声入耳；家事，国事，天下事，事事关心。"对联为东林党的首领顾宪成所写。那何谓

反对阉党，惨遭迫害

其实，东林党在历史上既非一个政治集团，也非一个党，而是政敌将顾宪成等人诬蔑成朋党后的一种叫法。历史上的党派斗争有许多，如东汉的党锢之祸，唐朝的牛李之争，北宋的新旧党争，明朝东

◀ **（明）金蝉玉叶饰件**
这是明代吴地工匠的杰作。一只形神毕肖、金光闪耀的蝉，栖息在一柄透明的玉叶上奏鸣。饰件构思奇巧，动静结合，妙趣横生，具有极高的艺术鉴赏价值。

▲苏州五人墓
天启六年（1626），魏忠贤派禁卫吏役至苏州逮捕东林党人周顺昌，群众愤而抗争，为首的颜佩韦、马杰、沈扬、杨念如、周文元被捕，英勇就义。当地人感佩，将其合葬于虎丘山旁，题曰"五人之墓"。

林党和宦官之争，这些都是较为著名的历史事件。

明朝的党派斗争出现在宦官专权以后。洪武之初，为避免宦官专权，朱元璋下令："寺人不过侍奉洒扫，不许干预政事。"从英宗之后，宦官的势力日益扩张。英宗时的宦官王振、宪宗时的宦官汪直、武宗时的宦官刘瑾、熹宗时的宦官魏忠贤等，皆曾干涉朝政，攻击官员士人。熹宗在位时期的魏忠贤团伙和东林党人之间的斗争，可以说是上述党争中最为激烈和残酷的。

东林党人眼见朝廷政治日益腐朽，要求进行政治改革，缓和日渐激烈的阶级矛盾。当政时，他们勇于弹劾位高权重的奸臣，攻击贪婪狡诈的宦官，毫不避讳地直批朝政弊端；被革职赋闲时，他们就以"清议"的方式表达自己的政治见解。尽管东林党人的上述言行与政治主张得到了社会和民众的理解与赞同，却无法被昏庸腐败的皇帝所接受，反而还引起反动官员集团的憎恨与厌恶。

魏忠贤独揽大权后，阉党的肆意妄为令东林党人愤恨不平，他们与阉党展开了激烈的斗争。御史杨涟上奏列举了魏忠贤的二十四条罪行，魏大中、黄尊素、袁化中等七十余名官吏也不顾生命危险上奏弹劾。但由于熹宗的昏聩及阉党权势过大，

被弹劾的魏忠贤竟然逍遥自在、安然无恙，而领头告发魏忠贤的杨涟、左光斗却被免职。

受到弹劾的魏忠贤更恨东林党人，决意将他们铲除。他的爪牙也企图借此机会进行报复，以发泄往日的仇恨。1625年，阉党发起大狱，他们先缉拿了东林党的杨涟、左光斗等六人，将他们全都摧残致死。次年，他们又逮捕并杀害了东林党的高攀龙、周起元等六人。在历史上，人们将在上述两次大狱中遇难的东林党人分别称作"前六君子"与"后六君子"。

清誉长存，后世瞻仰

崇祯帝朱由检登基后，惩治了魏忠贤的阉党团伙，洗雪了东林党人的冤狱，并下令修复东林书院。东林党人再次进入内阁，但到袁崇焕被逮捕问罪后，他们又被逼从内阁退了出来。

表面看来，消灭了东林党就是铲除了一帮不安定的社会分子，维护了统治者的权位，然而对大明王朝来说，这并非胜利的凯歌，而是送葬的挽歌。东林党人不顾生死，以信念、道义来扶助王朝，拯救社会，这样的一批仁人志士最终却被他们所信赖与效命的统治者杀害了。当一个王朝要依靠杀害忠良来维护稳定时，那它离灭亡之日就不远了。

明朝皇帝利用宦官执掌政权，攻击遵守法纪的士大夫，使得某些有才能和远见的人怀着为国为民之心，却无计可施。可以说，明朝皇帝，尤其是纵容宦官的万历皇帝，是自毁家业。东林党人并未由于当时遭到执掌大权者的攻击而被历史埋没，虽然他们也有自身的局限性，但从近代以后，东林书院始终深受众多民众的仰慕与尊崇，并在官方及民间多方力量的支援下数次修葺，成了众多爱国志士特别是爱国知识分子的怀古之地。

〉〉〉苏州丝织工人葛成领导苏州织工进行反税监斗争。

有历史学家认为，在辽东边境的战事上，明朝政府错误地杀害了两个人，导致最终自取灭亡：一个是努尔哈赤之父塔克世，一个是袁崇焕。塔克世之死，使努尔哈赤抱恨挑起战争；袁崇焕之死，使明朝失去了抵抗八旗兵马的最后一道屏障。袁崇焕在宁远大战和宁锦大战中大获全胜，成为努尔哈赤及皇太极消灭明朝的最大障碍。可是最后，崇祯皇帝中了皇太极的反间计，错误地杀害了袁崇焕。袁崇焕之死对岌岌可危的大明王朝来说，是巨大的损失，所以有评论家说："自崇焕死，边事益无人，明亡征决矣。"

公元1368年~公元1644年
//////////大明王朝//////////
袁崇焕之死

明朝末期，努尔哈赤领导下的后金政权在东北地区崛起。明军与后金军队于1619年在萨尔浒展开激战，此战之后，辽东的战略形势发生了变化：明军从攻击变成防守，后金军队从防守变成攻击。努尔哈赤于1626年率军向宁远进攻，警报迅速传到朝廷，全国上下惶恐不安。兵部尚书王永光召集朝臣商议攻守对策，没有获得任何实质性结果。经略杨麒听到警报后吓得不知如何应对，便退回山海关，按兵不动。袁崇焕担任宁前道之职镇守宁远城时，没有听从上级撤兵的命令，并说："我身为宁前道，在这里做官就应该死在这里，我不会后退！"城里的官兵和民众也"死中求生，必生无死"，决心同宁远城共生死。努尔哈赤听说后，大笑道："区区一个宁远城，以靴子尖就可踢毁！"但努尔哈赤十几万的精锐部队，硬是无法攻破一万多人守卫的宁远城，努尔哈赤遭受到了征战四十多年来最惨重的一次失败。努尔哈赤震怒，亲自到前线督战，不料被明军的火炮炸伤，没过几个月就逝世了。

宁远大捷是明朝对后金作战的一次重大胜利。

初历战阵，宁远告捷

生于明朝万历十二年（1584）的袁崇焕，字元素，号自如，是广东东莞人。尽管他是一个文雅柔弱的读书人，却凭着满腔热血，忠诚之心，全力扭转了乾坤。

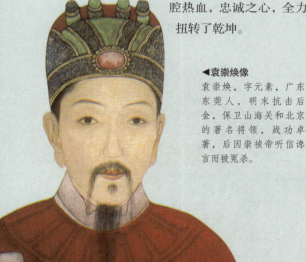

◀袁崇焕像

袁崇焕，字元素，广东东莞人，明末抗击后金，保卫山海关和北京的著名将领，战功卓著，后因崇祯帝听信谗言而被冤杀。

"功到雄奇即罪名"

袁崇焕在辽东整顿军备，安抚民众。他手下那被叫作"关宁铁骑"的军队，多次击败后金军队，被后金看成是最大隐患。

宁远大捷后又经过一年时间，皇太极想给他的父亲努尔哈赤报仇雪恨，便亲自率领精锐兵士，包围了宁远和锦州并发起进攻，但并未攻下城池，野战也未获胜，而且伤亡惨重，不得不趁夜逃亡。由此袁崇焕的威名响彻辽东，令后金军

>>>意大利传教士利玛窦向明神宗进献油画，此为该画种输入中国之开端。

◎看世界/俄国普加乔夫起义　　　　◎时间/1773年　　　　◎关键词/反封建 反压迫

▲计杀袁崇焕

世传皇太极巧施反间计，故意让两个被俘的明朝太监听到袁崇焕将要归顺清廷的消息。太监逃回后，将此事告知崇祯帝，崇祯帝信以为真，遂将袁崇焕凌迟处死。

队闻风丧胆。1629年，为了洗雪之前的耻辱，皇太极亲率大军，避过袁崇焕驻守的辽东，直接抵达北京城下。袁崇焕获悉后，两个昼夜飞奔三百多里，以九千名士兵同皇太极十余万大军交锋。袁崇焕身披战衣指挥作战，在他的带领下，士兵们勇猛善战，全力拼杀，最终打退后金军队，守住了京城。

在明朝历史上，崇祯帝是疑心最重的皇帝之一。皇太极见长时间攻不下京城，就利用

▶宁远古城

宁远就是今天的辽宁兴城，作为关门重镇，是明朝遏制清军入关的重要屏障。

崇祯帝多疑这一点，以反间计除掉了袁崇焕。有两名被后金军队俘获的太监逃回了京城，并对崇祯帝说袁崇焕与皇太极已立下秘密约定，准备出卖京师。听到这个情报后，崇祯帝非常吃惊，马上把这件事跟袁崇焕主张与后金议和的态度联系在一起，认定袁崇焕已变节，投靠敌军。

在此以前，袁崇焕曾经擅自杀死了毛文龙，崇祯帝获知此事后，其反应是"意殊骇，念既死，且方倚崇焕，乃优旨褒答。俄传谕暴文龙罪，以安崇焕心"，完全是由于当时袁崇焕手握重兵，崇祯帝不得不接纳这个事实，而并非真心原谅了他的擅杀行为。最后袁崇焕的罪名之一便是"专戮大帅"就足以作为证据。袁崇焕杀死毛文龙之后，为了抚慰毛文龙麾下的军心，增加了其军队的军饷，但崇祯帝未审时度势，思考前因后果，却反倒因而更加猜忌袁崇焕。到了后来，后金军队兵临京城，袁崇焕飞奔千里前来救援，士兵在疲乏需要入城休整的时候，却受到崇祯帝的坚决拒绝，这时的崇祯帝对袁崇焕的猜忌与不满已经非常明显。面对后金军队的紧紧相逼，崇祯帝非但没有从根本上反省自己在治理国家、任用人才方面的过错，却反倒因此加深了对袁崇焕拥兵自固

的猜疑。

平日里，袁崇焕以才谋自傲，一心想着用战功报国，但却忽略了对皇帝心思的揣摩。袁崇焕私自同后金议和，尽管是"欲藉是修故疆，持愈力"，但却触犯了皇帝的大忌。加上袁崇焕功勋过高，惹得其他大臣嫉妒，在强大的舆论压力下，崇祯帝于1630年以谋叛的罪名将袁崇焕凌迟处死。

袁崇焕死得非常悲惨，身后之事也异常悲凉，其兄弟、妻子被流放到三千里之外，家被查封。袁崇焕没有子嗣，也没有余财，天下人都为他感到冤屈。

国失栋梁，沉冤百年

在中国历史上，袁崇焕案是影响较深远的一宗冤案。当时明朝已经处在动荡不安之中，大厦欲倒，袁崇焕的死亡如同又撤掉了支撑腐朽大厦的一根栋梁。

袁崇焕案造成的另一个后果，就是使明军士兵失去了对朝廷的信赖。从前明军和后金军队打仗时，尽管明军多次战败，而士兵不是战死，就是逃走，少有投降清兵的。袁崇焕死后，方开始有整支军队投降后金的，因为在明军士兵看来，"以督师之忠，尚不能自免，我辈在此何为"？袁崇焕死去的第二年，投降的明朝士兵为后金带去了红夷大炮，从那时起，明军在武器上就不具备优势了。

袁崇焕案造成的第三个后果，就是袁崇焕死后，各路勤王军队军心混乱。山西与陕西两路人马溃散返回家乡后，竟沦落为到处流窜的盗匪，成了明朝的又一大隐患。

如此种种不利的局势，最后终于将明朝送上灭亡之路。

袁崇焕通敌卖国的罪名被扣了一百余年。直至清朝乾隆时，清人依据《清太宗实录》撰写《明

史》中的《袁崇焕传》时，人们才知道那两个告密的太监原来是后金军队故意释放的，他们所窃听到的秘密也是后金士兵故意说给他们听的。含冤百年之后，袁崇焕的冤屈终于被洗清。

在中国近代，袁崇焕极负盛名，被梁启超称赞为"千古军人之模范"。

▲法花狮子纹坐墩

法花盛烧于元、明的山西地区，色彩鲜艳、胎体厚重，多半为庙宇的供器。也许是基于对地方产物的好奇，或为开发与前代完全不同的新品目，乾隆官窑以瓷胎烧出法花，技法与纹饰溯源至元、明两朝的传统，足见乾隆官窑从传统中创新的做法。此器呈鼓形，顶面微弧，折肩，弧腹中空，外壁上各饰一周鼓钉，以黄彩狮子纹为主要装饰图案，间以卷绫纹，色彩强烈而朴实。

>>>著名思想家、哲学家李贽逝世。李贽倡导真情实感的"童心说"，在明代末期产生了一定的影响。

1602年

◎看世界／《独立宣言》发表	◎时间／1776年	◎关键词／美利坚合众国诞生

公元1368年～公元1644年
////////// 大明王朝 //////////
张献忠建大西

明朝末期，政治腐朽，赋税繁重，统治阶级对百姓的压榨盘剥更加严重，社会矛盾空前激化。加上各地又接连发生饥荒，走投无路的农民纷纷起来反抗明朝的统治，全国各地发动了很多次大大小小的起义。在这些起义军中，张献忠所领导的农民起义军是声势较浩大的一支。他的队伍由几千人发展到几万人，在反抗明朝政府的作战中发挥着举足轻重的作用。他的队伍作战勇猛，曾攻克襄阳，经过湖广，最后进入四川境内。随后，张献忠在四川成都建国称帝，国号大西，改元大顺。

揭竿起义，能谋善战

张献忠生于1606年，字秉忠，号敬轩。他家境贫寒，但自幼聪颖机灵，性格倔强，年少时念过书，成年后加入了军队，做过捕快、边兵，由于他秉性刚强，好伸张正义，差点儿丢了性命。之后他遭人迫害，犯了法，按律应被处斩，但主将陈洪范赞叹其样貌，便请求总兵官王威将他释放。王威重重打了他一百军棍后将其姓名从名册上除掉。从那以后，张献忠就开始流落乡野。

天启末年，整个陕西境内接连发生饥荒。陕北则发生了严重的旱情及虫害，禾苗干枯，到处都是饿死的人。生活难以为继，农民无路可走，最后只得冒险起来反抗。1630年，张献忠主动响应王嘉胤反抗明朝的号召，发动起义，自称"八大王"，又称"西营八大王"。因为他"身长瘦而面微黄，须一尺六寸，僄劲果侠"，故而军中人们称之为"黄虎"。第二年，张献忠加入王自用的联军，属三十六营之一。由于作战勇武，他迅速成了三十六营的重要领袖，并以有谋略、善征战而闻

▲（明）景泰款掐丝珐琅螭耳炉

景泰蓝又名铜胎掐丝珐琅，作为一种美术工艺品，其制法即于铜器表面上以各色珐琅质涂成花纹，花纹的四周嵌以铜丝或金银丝，再用高火烧成。这项工艺盛行于明代景泰年间，而且使用的珐琅釉多以蓝色为主，所以叫景泰蓝。

名。从那以后，张献忠跟随义军，在陕西、山西、河南、安徽、湖北、四川等地辗转迁回作战，多次立下功勋。他率领的军队也从几千人扩展至数万人，成了势力最强的一个队伍，在同明军交战中起着至关重要的作用。

接受招降，伺机再起

王嘉胤死后，张献忠和李自成等归顺了高迎祥，高迎祥自称闯王，张献忠、李自成号称闯将。1635年，他们参加荥阳之会，决定分兵出击，张献忠同高迎祥等一起向东进攻。没过多久，张献忠和李自成由于小矛盾开始分裂，张献忠率军进攻

长江流域，李自成则进攻黄河流域。

1637年，张献忠部受到明军总兵官左良玉部的攻击。在明军的猛烈进攻下，张献忠的起义军损失惨重，其本人也负伤了。于是，张献忠率领部下义军进入谷城，接受朝廷招抚。张献忠被招抚之后，没有按照协议解散义军，也不参与抗击李自成部队的战斗，而是将四万义军散布于总部谷城的四个郊区，分为四个营，每个营设置一名大将统领，同时强化军事演练，维持自主权。张献忠部囤积粮草，制造军器，征募兵马，训练兵士。张献忠还时常请人讲解《孙子兵法》，他将《孙子兵法》与战争实例相结合，从中归纳经验与教训，伺机卷土重来。

张献忠对官府中的腐朽官吏对自己无休止地索取贿赂、敲诈勒索、百般为难和不信赖早就深感不满，于是在1639年，采取了"避实捣虚""以走致辞敌"的战略战术，再次举起反抗明朝的旗帜。潜伏于商洛山里的李自成也重新整顿队伍，再次起义，经湖北郧、均地区挺进河南。农民起义再一次在中原大地上轰轰烈烈地爆发了。

▲（明）《饥民图说疏·饿殍满路》
《饥民图说疏》是明万历年间官员杨东明向皇帝汇报民间灾荒情况的上疏，这是其中的一幅《饿殍满路》。

建立大西，自称为王

张献忠领兵以游走之计牵制敌军，在四川境内辗转作战，令明军疲惫不堪。1641年，他率军在开县黄陵城大胜明军，后迅速进军，攻破襄阳，杀死襄王朱翊铭，攻克光州等地。与之对战的明朝督师杨嗣昌担心罪责难逃而自尽。张献忠继续征战，于1643年领兵攻占武昌，没过多久又攻下长

◀大西政权"大顺通宝"
"大顺通宝"钱币是明末农民起义领袖张献忠的大西政权于大顺年间（1644~1646）铸造的。

沙，宣告三年不征收钱粮，使追随者越来越多。1644年，张献忠攻克成都，巡抚龙文光、蜀王朱至澍及其嫔妃皆自尽，其他官吏均被俘。义军迅速掌控了四川大部分地区。张献忠在成都成立大西国，自称大西王，改年号为大顺。

大西政权建立后，张献忠设置了左右丞相和六部尚书等文武官职，并颁布《通天历》，设钱局铸造"大顺通宝"作为流通货币。为了招徕人才，张献忠开科取士，选拔了三十名进士封为郡县官吏。为了发展经济，张献忠宣布对西南各族百姓"蠲免边境三年租赋"。

困兽犹斗，中箭身亡

1646年初，清朝任命肃亲王豪格为靖远大将军，让其与吴三桂等率领满汉军队集中力量向大西军发起进攻。

这场战斗进行得异常惨烈，清军许多士兵被大西军杀死，大西军的伤亡和损失也非常惨重。因为缺乏粮食，再加上被各路敌军夹击，张献忠决意从四川撤出。由于悲观绝望，他在四川进行了前所未有的烧杀损毁行为。他借助科举取士的名义，在青羊宫杀死众多知识分子，在中园坑埋成都民众，杀死各路卫军，派手下的将军屠戮各县，把无数珍宝投进锦江，放水开流。张献忠自称"无为后人有也"，表现得极端残忍暴虐。成都在唐朝时便是全国五大都市之一，却在一夜间被烧成了灰烬。被称

为"天府之国"的蜀中地区的生产力遭受了覆灭性的打击，人口大幅减少，从而引发了由清朝之初开始的，长达一百多年的浩浩荡荡的"湖广填四川"运动。

撤离四川之后，张献忠原本计划由水路前往湖广地区，然而因遭到围追堵截而放弃。张献忠被逼无奈，只得由川北前往陕西。这时，大西在川北的大将刘进忠向清军归降，还率领清军攻打大西军。当大西军抵达西充凤凰山的时候，有侦察兵禀报发现了清军的队伍，张献忠率领少量士兵去察看详情，不料中箭身亡。

清军趁此机会发起猛攻，没有了主帅的大西军人心涣散，被清军攻下了一百三十多处营寨。大西军被击退后，大西余部又坚持了十几年的抗清斗争，之后为了得到南明的支持，大西军将大西国号废掉，大西政权便成了历史。

▶（晚明）法花花鸟罐

法花是一种以蓝、绿、黄、紫、白等多种釉色为基调的低温彩釉陶瓷器，是在琉璃的基础上发展起来的，所以也被认为是琉璃与珐琅的结合体。明代山西南部地区生产的法花器最负盛名，主要是器形较小的花瓶、香炉等陈设器，其形精巧玲珑，华丽活泼，观赏价值和陈设价值很高。

1602年

◎看世界/伏尔泰去世　　　　◎时间/1778年　　　　◎关键词/法国启蒙思想家

在张献忠率兵接连大败明军的同时，李自成也带领自己的农民起义军高歌猛进。他提出"均田免赋"的口号，受到了广大农民的热烈拥护。1643年，李自成在西安自封为王。1644年，李自成在西安称帝，定国号为大顺，改年号为永昌。没过多久，李自成率军攻克北京，崇祯帝在绝望中自缢身亡。至此，统治中国长达两百七十多年的大明王朝被湮没在了农民起义的洪流之中，只剩下一部分残余势力在江南一带苟延残喘。

公元1368年~公元1644年
//////////大明王朝//////////
李自成进北京

参加起义，屡建战功

1606年，李自成生于陕西米脂一个贫寒的农民之家。当时正值明末，阶级矛盾突出，土地都被贵族官僚、地主豪强侵占了。统治阶级残酷的盘剥及压榨，再加上此起彼伏的天灾人祸，使千百万农民生活困苦。李自成自幼便因欠债而被迫给地主放羊。二十一岁那年，他打伤了地主，逃到银川做了一个驿卒。1627年，陕北白水县农民王二带领几百个农民杀死了知县张斗耀，发起农民起义。陕北巡抚担心遭到朝廷责怪，便对此事不闻不问，假装不知情，起义的队伍趁机迅速壮大。张献忠于1630年在米脂十八寨发动起义，李自成也杀了几个贪官，发起反抗，后在其舅舅高迎祥统领的起义军里担当闯将。

1635年，明朝派洪承畴从陕西出发，朱大典从山东出发，从两个方向夹击起义军。经过一系

▲（明）银镀金嵌宝石帽饰
该帽饰分为三层，上为花蕾形红宝石，中间为球形宝珠，下饰一圈如意云纹，底座为六瓣覆盆形，内饰莲花及佛教六字真言。该帽饰整体雍容华贵，纹饰简约粗放，精巧细腻。

列的交锋，起义军意识到必须联合起来作战才更有力。同年，各路起义军在河南荥阳会师，共有十三家、七十二营一同商议对敌之策。李自成提出"分兵定向、四路攻战"的策略，得到了众人的支持与响应。

李自成的舅舅高迎祥也是明末早期农民起义的优秀首领。不幸的是，高迎祥在1636年被俘，凛然就义。于是，起义军将"闯王"这一称号推送给了屡建战功、声誉较高的李自成。从那以后，李自成就率军继续与明朝战斗，成了中国历史上一名优秀的农民革命首领。

南征北讨，声威大震

李自成带领作战神勇的义军南征北讨，威名远播，令腐败的明朝统治阶级深感恐惧。起义军每抵达一个地方，都打官府、开粮仓，将粮钱发给劳苦大众，还宣扬要杀死欺负、压迫老百姓的贵族地主，替他们报仇。所以，李自成深受民众的欢迎与爱戴。那时在民间流传着很多歌颂李自成的歌谣："盼闯王，迎闯王，闯王来了不纳粮"，"朝求升，暮求合，近来贫汉难存活，早早开门迎闯王，管叫大小都欢悦"……

起义军走过了一个艰苦而曲折的过程。1637年，起义军误入明军的埋伏圈，队伍被打散了。无奈之下，李自成和刘宗敏等十几个人只好隐藏到山里。但李自成并没有灰心丧气，他白天与士兵们种田习武，晚上看书思索，吸取上次农民起义的经

验和教训，钻研战斗方略，归纳战斗经验。

1639年，李自成率军从商洛山中杀出。当时河南旱情严重，饥民纷纷加入起义军，队伍很快发展到数万人。李自成提出了"均田免赋"这一革命纲领。此外，他还非常重视士兵的自我约束能力，要求：士兵不得私藏白金；所缴物品必须交公；行军赶路时要自带帐篷扎营，不准住民房；损毁庄稼者，严惩不贷；公平交易，不乱杀人，不强奸妇女。另外，他还提出了"杀一人如杀我父，淫一妇如淫我母"的口号。李自成讲求对下属一视同仁，重大的决定和策略皆与下属讨论决定。他平时生活简朴，饭食粗淡，和士兵们同甘共苦，一直保持着劳苦大众的本色。这些恰好满足了被盘剥、被欺压的劳动人民的愿望。

攻入北京，功亏一篑

1643年，李自成当上了顺王，正式在襄阳成立了革命政权，并将襄阳改成襄京。同年秋，李自成攻占了陕甘宁地区，以此为根据地。次年春，将政权中心迁至西安，李自成改称大顺王，定年号为永昌，还公布了新历书，制造永昌钱币，抑制物价，安抚流亡者，压制地主与豪强劣绅，废掉八股文，选拔官员接手地方政权。此时，起义军已发展壮大，开始准备对大明王朝发动总的进攻。

起义军屡战屡胜，很快攻占了太原、大同、宣化、居庸关、昌平等地。1644年春，起义军包围了北京，并很快胜利挺进北京城。那些欺压百姓的地主们皆丧失了昔日的威风，仓皇出逃。崇祯帝在煤山（今景山）的一株树上自缢而死。大明

◀（明）鸭形铜熏炉

该器造型是一只立雕的鸭子，鸭嘴与中空的鸭脖子和腹腔相连，香料燃烧后的烟雾可以从鸭嘴中散出。鸭子身体上的羽毛、翎毛错落有致，并以镶嵌的黄金作为花纹装饰，富丽堂皇，显示出了明朝手工业者高超的技艺。

王朝统治中国长达两百七十六年，最终就这样被农民革命军推翻了。

然而，李自成的起义军进入北京后，内部产生了巨大改变，很多将领犯下了重大错误。有的将领被胜利冲昏了头，变得自傲自大、轻视敌人，忽略了敌人反击的危险。有的将领开始蜕变，他们无法抵挡酒色财气的腐蚀，渐渐失去了主场和意志。还有一些士兵认为起义已结束，盼着能早日回家种田。混入起义军内部的投机举人牛金星也趁机进行破坏。如此一来，胜利成果迅速被满人贵族与汉人地主官吏夺走了。曾为明朝山海关守将的吴三桂在两个月后引领清军攻占了北京，李自成只好撤出北京城，继续在河南、山西、陕西周边进行抵抗。次年春，李自成在湖北通城九宫山观察地形时遭到当地民兵的攻击，英勇就义，当时年仅三十九岁。

李自成是中国古代史上一名优秀的农民起义军首领，他率领的起义军推翻了大明王朝的腐败统治，成立了大顺王朝。可是在攻占北京城后，起义军却开始麻痹大意，轻视敌人，惨败于吴三桂和清兵的联军攻击之下，致使从此无法重新振作，很快便灭亡了。胜利成果便因此落进清朝的手中，中国历史开始走进清朝的统治阶段。

1604年

◎看世界／天王星被发现　　　　◎时间／1781年　　　　◎关键词／英国天文学家赫谢尔

公元1368年~公元1644年
//////////////////大明王朝//////////////////
崇祯帝自缢煤山

崇祯帝朱由检从小长在深宫里，对官场中的明争暗斗、尔虞我诈和派系纷争非常清楚。他即位后便诛杀了大宦官魏忠贤，为东林党人平反，因此天下人对他中兴明朝抱有极大的期望。但是，这时的大明王朝已经满目疮痍、危在旦夕，尽管崇祯帝励精图治，却还是无法挽救衰微颓废的明朝。因为多疑和刚愎自用，崇祯帝处死了袁崇焕等诸多爱国将领，亲手毁掉了后金进攻明朝的屏障。最后，眼见大势已去的崇祯帝只得自缢煤山，成为明朝的亡国之君。

▼崇祯帝像
崇祯皇帝朱由检是大明王朝的最后一个皇帝，庙号明思宗。他十六岁登位，曾努力想要挽救濒临灭亡的明朝，可惜他不辨忠奸，本性多疑，最终使本已风雨飘摇的大明王朝彻底崩塌。

雷厉风行，铲除阉党

朱由检是明光宗朱常洛的第五个儿子，其母为刘氏。他十六岁登基后，改年号为崇祯，是为明思宗。

明熹宗去世的时候，恰是客魏集团活动最凶猛、最放肆之时。客氏与魏忠贤互相勾结，独揽朝政，祸害后宫，把明朝拉进了灭亡的泥潭。

当时身为信王的朱由检，非常了解客魏集团的猖獗和狠毒。所以，在登基的诏书颁布以后，朱由检便从信王府搬进大内居住，而且不敢吃别人为他准备好的任何东西，硬是用自己从家中偷偷拿来的干粮熬过了登基前最危险的那几天。从这一点可以看出，明末的皇宫是多么凶险可怕。

尽管崇祯帝对魏忠贤的独断专权深恶痛绝，可是，他深知自己刚刚即位，根基尚浅，不足以与其对抗，所以不敢贸然采取行动，只好韬光养晦，等候机会的到来。

势力正盛的魏忠贤，并未将这位少年天子放在眼里，以为他与其兄长明熹宗一样少不更事，不可能有什么大的作为。所以，他愈加猖狂嚣张，甚至让各地为自己设立生祠。他的滔天野心昭然若揭。

朝野上下都对魏忠贤的所作所为表示强烈的不满，崇祯帝抓住机会，先出其不意地铲除了魏忠贤的得力助手崔呈秀，后又对魏忠贤的党羽大开杀戒，将魏忠贤彻底孤立起来。之后，崇祯帝下诏将他贬去凤阳看守陵墓。魏忠贤知道自己罪孽深重，不可能逃过此劫，就在去凤阳的路上上吊自杀了。

在此之后，崇祯帝惩处了两百六十多名阉党，将他们或处以死刑，或放逐到边远地区进行

▲明思宗殉国处

故宫博物院在景山的一棵古槐边树立"明思宗殉国处"石碑，碑文为故宫博物院院士、北京大学教授、著名书法家沈尹默所题。

戍守，或终身监禁，给了猖狂的阉党势力最严厉的打击。

崇祯帝在谈笑间消灭了魏忠贤团伙，曾在一定时期内让明朝中兴有望。

然而，由于他生性多疑，少施恩惠，犯下了频频更换官员、诛杀督抚大臣等一连串错误，最终也没能实现其中兴之志。

性格多疑，自毁长城

崇祯帝铲除阉党后，洗雪冤案，重新任用天启朝被罢免的官吏，全方位考察官吏，全力防止朝臣与宦官交往。

崇祯帝急于追求安定，非常想做出成就。但由于明末矛盾重重，累积的弊病繁多，不能在较短时期内从根本上扭转政局，再加上崇祯帝自以为是，暴躁狐疑，急功近利，所以在朝政决策中多

次犯下大错。

由于崇祯帝对外廷重臣不满意，在铲除魏忠贤统领的阉党后，他又重新任用了另一批宦官。崇祯帝将行使监督军队及提督京营的权力赋予宦官，因而大量宦官被派遣到地方重要城镇，权力高于地方督抚。崇祯帝甚至派遣宦官总管户、工两部，而把户部、工部尚书闲置一旁，导致宦官权力日渐扩张，统治阶级矛盾愈加尖锐。

那时，后金是明朝最强大的敌人，当时努尔哈赤已逝世，皇太极执政。明朝和后金屡次发生战争，而且战争最后常是明军被击败。满朝上下竟然挑不出一名令人满意的将帅，崇祯帝显然不愿意接受这个事实，于是，他想起了袁崇焕，这位被民众称作"袁长城"的人。

崇祯帝随即任命袁崇焕为兵部尚书，并赐予他尚方宝剑，委托他收复整个辽东地区。由于阉党的陷害，袁崇焕曾经被逼卸任，此次重新被崇祯帝任用，袁崇焕决心大显身手，凭借自己的努力将明朝的失地一举收复。所以，袁崇焕一到任便将东北的防御事务安排得井然有序，令后金军队丝毫不敢窥伺宁锦。

令人伤心的是，皇太极仅施了一个反间计，便轻易地让崇祯帝认定袁崇焕有勾结敌人、出卖国家的行为而将其置于死地。

此后，明朝丧失了仅有的东北屏障，清朝的军队没有了任何阻挠，变得所向披靡。

难以回天，自缢而死

明朝末期，中原大地上呈现出三足鼎立的局势：一个是在北京以崇祯帝为首的大明政权，一个是在沈阳以皇太极为首的大清政权，另外一个就是在西北以李自成为首的大顺政权。

原本，明朝与农民军的作战成绩要比明朝抗

1604年

▲ （明）白玉龙凤镂空香筒

明清时期流行的香筒，造型为长直筒，上有平顶盖，下有扁平的承座，外壁饰有镂空花样。这件明代的白玉龙凤镂空香筒，中段为白玉雕刻的龙凤纹饰，雕工精良，纹饰复杂，上下装有镶着镀金的盖子和承座。

击清军时好很多。明朝的将领如洪承畴、陈奇瑜、孙传庭、卢象升、熊文灿等，皆有抗击农民军的光辉战绩。然而，由于崇祯帝的心急和狐疑，明军将领只要有一次失败的记录，不是受死就是遭贬，所以，陈奇瑜遭到贬黜，熊文灿被处死，孙传庭则被关进大牢……很快，明朝的重臣几乎被斩尽杀绝。

众多将才的死亡或远徙，使得明朝的覆灭成为历史的必然。

李自成率领军队攻下洛阳，杀死福王，又攻克襄阳，夺取武昌，节节胜利，最后于1644年春天率军成功攻进京师。崇祯帝慨叹道："朕不是亡国的君主，可是诸事都是将亡之国的迹象。"

第二天夜里，崇祯帝因极度的悲观绝望而残忍地杀死了妃嫔、公主。之后，他匆匆忙忙地逃到了煤山（今景山）。当起义军将北京城的内城攻克时，崇祯帝便在一棵树上上吊自

杀了。

崇祯帝十六岁时即位做了皇帝，既不过分贪恋女色，纵情享乐，也不懒散懈怠，而是尽心尽力，勤政节俭，把所有精力都用在同庞大腐朽的黑暗势力的斗争上。十七年间，崇祯帝全心全力地解救国家及百姓，最后死于社稷，用自己的性命作了大明江山的陪葬品。

崇祯帝十分关心百姓，在危急时刻，要求吴三桂入京救驾时依然不忘嘱咐他宁舍弃土地勿舍弃百姓。崇祯帝的遗书里写道"勿伤朕百姓一人"，从中可见他对百姓的感情之深。

对于一个末代君主来讲，能做到上述这些，终归是非常可贵的。

▲ （明）菊瓣式高足金杯

杯高10厘米，杯身形如花瓣，口沿和足上分别錾刻花蕊纹一周。杯足底镌阴文"天启六年季春月，余荣四六置，吉旦"，内底镌阴文楷书"行""文"两字。

〉〉〉名臣谢杰逝世。谢杰，字汉甫，历任南北两京太常寺少卿、南京五府金书、顺天府尹，为官廉洁，受人敬仰。

1604年

◎看世界／《每日环球纪闻》创刊　　　◎时间／1785年　　　◎关键词／《泰晤士报》前身

明朝末年动荡不安的政治局面为吴三桂提供了一个施展个人才华和能力的舞台。在至关重要的时刻，历史让他确定了自己的政治目标，也在某种程度上确定了明清两个朝代的命运。为什么吴三桂会打开关门，引进清兵？"冲冠一怒为红颜"是那时的人们给出的解释。"为红颜"或许是臆造，或许真有其事，可这顶多只是诸多原因之一罢了。身为一代豪杰的吴三桂必定是审时度势、权衡利弊之后才做出了对自己最有利的选择。

公元1368年~公元1644年
////////////大明王朝////////////
吴三桂开关引清兵

白皙通侯最少年

吴三桂是辽东广宁前屯卫中后所人，字长伯，号月所。他的父亲吴襄是明朝天启二年（1622）的武进士，崇祯时任辽东总兵。受家庭环境的影响，吴三桂自幼就接受了优良的军事教育。吴三桂力大超人，善于骑射，由于武艺高强，他考得了明朝的武举人。在战斗中，吴三桂身披甲胄，手持锐器，左右突击，异常勇猛。此外，他

还善于整军经武，手下兵马十分强壮，逢战必胜，威震关外。1639年，洪承畴推荐他为宁远团练总兵，当时他年方二十七。吴三桂练兵非常严格，在洪承畴部署的众多关镇中，他的军队的战斗力是最强的。吴三桂并未因此感到满足，他又精心培养了一千名训练有素、战斗力更强的骑兵，据说这支骑兵"冲突无不利"。

1641年，洪承畴的部队在松锦之战中被敌军包围。吴三桂献计道："兵法曰：'置之死地而后生。'末将愿一马当先，经略可率领众人紧随其后。"洪承畴表示赞同。于是，吴三桂从清军的重兵包围处向外突破，竟从那里冲杀了出去。连皇太极也对麾下的将领和士兵说："吴总兵果然神勇！"但洪承畴等人突围未成，被困在松山。最后，洪承畴投降，辽东失陷。

松锦之战的失败令明朝政府失去了大批强兵猛将，仅余下吴三桂在宁远山海关一带勉强支撑局面。在异常艰难的情况下，吴三桂安抚流亡之人，重新整顿队伍，没过多久又组成了一支几万

▲ "定辽大将军"炮

这门铜炮的捐资铸造者是明辽东总兵吴三桂，是吴三桂降清前力拒清军的历史实证。

〉〉〉东林党首领顾宪成等人重新修复东林学院，并在此聚众讲学，获得当时学者的普遍响应。

人的部队，守卫山海关及关外宁远等城。在原来的辽东将领非死即降的情形下，吴三桂成了唯一坚持下来的抗清将领。

第二年，皇太极又发起壬午之战，命阿巴泰、图尔格领兵绕开由吴三桂把守的山海关，从黄崖口一线进入边境。关中众多明朝将领都吓得逃跑了，唯独吴三桂毅然领兵进关截击清军，且多有胜绩。到了1643年，吴三桂坚定不移的抵御与抗击使所向无敌的清军在宁远城下又一次遭到惨败。

崇祯帝在1644年春将吴三桂封为平西伯，命他率部入关救驾。但吴三贵尚未到达，明朝便灭亡了。

当时，吴三桂所要面对的形势是非常复杂的。他驻守在永平府的狭小地域里，位于清朝和大顺两个新兴政权中间。这样，他要依然效命于明朝已经不切实际了，因为当时以崇祯帝为首的明朝政府已经灭亡，而南明弘光朝廷尚未成立，再加上吴三桂与淮河之南的明朝残余势力距离过远且不通音信，他能选择的路只能是归降大顺或归降大清。

冲冠一怒为红颜

陈圆圆是吴三桂的小妾，原名邢沅，苏州人氏，生得妖媚艳丽，不但擅长歌舞，而且琴棋书画样样精通，是个闻名于大江南北的绝世佳丽。吴三桂的正室张氏性格凶悍，吴三桂对张氏有些顾虑和畏惧，因此没敢带着陈圆圆随行，而是让陈圆圆一直留在京城居住。

▲（明）累丝嵌宝石人物纹金簪

簪头用金丝盘结成卷花及叶形花瓣，内嵌珍珠及红、蓝宝石。金簪中间镂雕一童子骑在羊身上，寓意吉祥。此题材少见金饰，金簪设计富有新意，工艺精湛，珠光宝气，气派非凡。

李自成听说陈圆圆非常美丽，便打算将她抢来立为妃。李自成麾下的谋士牛金星、宋献策劝李自成多做仁义之事，以保证长久的安定。李自成方觉醒过来，道："山陕、河南、荆襄已经被我控制，大江之南只要一纸文书便可收服。唯独山海关的吴三桂是一员猛将，应该将他招到旗下，以抵御辽东的强敌。"因此李自成未将陈圆圆立为妃，而是派遣将领唐通给吴三桂送去书信劝降。

后来，吴三桂在永平府（今河北省卢龙）贴出公告，上面写着"本镇统领本部军队前去北京拜谒新君，路经之地必定秋毫无犯，地方民众不要惊慌害怕"等话，表明他已经打算统领军队去北京接受李自成的任命了。

然而，吴三桂在赶往北京的途中，听说自己的父亲被李自成的军队监禁，自己的爱妾被李自成的手下占有，不禁怒气冲天，大呼道："身为男子汉大丈夫，无法保全自己的家室，还算得上是人吗？"于是他马上领兵返回山海关，命令全军将士为崇祯皇帝披麻戴孝，还敞开了山海关的关门，归降了多尔衮。这使得清朝几十万的八旗兵马如滔天洪水般涌入，很快便侵吞了大明王朝的广大疆土。

为此，陈圆圆在世人眼中也成了红颜祸水。当时有名的文人吴梅村在《圆圆曲》里便写道："恸哭六军俱缟素，冲冠一怒为红颜。"

◎看世界／美国颁布《1787年宪法》　　　　◎时间／1787年　　　　◎关键词／联邦制 三权分立

投清受封平西王

李自成得知吴三桂占据山海关反叛后，通过紧急商议，决意一方面抚慰吴襄，并借吴襄之名写书信劝降吴三桂，期望通过父子情义让他改变主意，另一方面做好通过战争来了结此事的准备。随后，李自成、刘宗敏亲率大军向山海关挺进。跟随他们同行的有明朝太子朱慈烺、永王、定王、晋王、秦王及吴襄等人，这表明李自成依然期望可以借君亲大义劝说吴三桂投降。但是，由于吴三桂与清军串通已经成了不可改变的事实，成功劝降便不可能实现了。

在山海关之战中，吴三桂同清军联手击败李自成，被清朝封为平西王。没过多久，他又担当清军的先锋，追歼李自成，强力压制了陕西、四川等地反抗清朝的农民军。1657年，吴三桂被封为平西大将军，会合清军多尼等攻打南明云贵等地。1659年，清朝政府任命吴三桂驻守云南，并把军

▲陈圆圆墓

位于贵州省龙鳌河畔，碑文写"吴门聂氏"，而不写"吴门陈氏"，据说是为了避风险和防盗墓。

队开进缅甸，逼迫缅王送出南明永历帝。1662年，吴三桂在昆明杀死了南明永历帝，被清朝政府加封为亲王，并统辖贵州省，形成了独霸一方的势力，同驻守福建的靖南王耿精忠、驻守广东的平南王尚可喜之子尚之信互相呼应，成了各自掌握着重兵的三藩。

▼山海关城楼

山海关古称"榆关"，是一座防御体系比较完整的城关，有"天下第一关"之称。由于它是从东北进入华北的陆上必经之道，所以对明朝来说它有着极其重要的战略意义。

1619年

〉〉〉明朝与后金在辽东地区发生了萨尔浒之战，努尔哈赤取得胜利，此后明朝在东北地区的统治开始全面崩溃。

程朱理学提倡"知先行后"，把"知行"分成两段，认为人须先懂"知"，才可实施"行"。为纠正这种学说的偏颇，心学的集大成者阳明先生王守仁提出"知行合一说"。这一学说加深了道德意识的主动性与实践性之间的关系，避免了"知先行后"的弊端，然而同时也抹杀了"知先行后"的积极意义。尽管王守仁的主张对道德修养有利，却忽视了客观知识的重要性，因此后来出现许多心学弟子随性辍学的现象。甚至有清初思想家将明朝灭亡的原因归咎于心学之弊。

公元1368年～公元1644年
//////////////大明王朝//////////////
王守仁与心学

出身世家，精通文韬武略

王守仁，字伯安，号阳明，是明朝优秀的哲学家和著名的政治家。他生于浙江余姚一个地位显赫的家庭，幼时家境很好，因而拥有一个优良的学习环境。其父王华于1481年考中状元，王守仁便跟随父亲来到了京城。

据说，王华对王守仁管教得极为严格。王守仁年少时文武兼学，但由于十分爱好下棋，常常因此耽误功课。虽然父亲多次斥责，但他一直没有改进。有一天，王华在盛怒之下将象棋扔进了河里。王守仁深受触动，幡然悔悟，即刻赋诗一首以明志："象棋终日乐悠悠，苦被严亲一旦丢。兵卒坠河皆不救，

将军溺水一齐休。马行千里随波去，象入三川逐浪游。炮响一声天地震，忽然惊起卧龙愁。"王守仁自比为诸葛亮，决心要闯出一番功业。从此以后，他勤奋学习，进步很快，逐渐熟练掌握了骑射、兵法等技能。

1499年，王守仁考中进士，被任命为兵部主事。那时，朝野内外皆知他学识渊博，可是提督军务的太监张忠却觉得王守仁是以文士任命为武职，根本瞧不起他。有一次，张忠竟然强行命令王守仁当着众人射箭，企图借此让他出丑。没想到王守仁提弓射箭，三发皆中，全军为之喝彩。王守仁当了三年兵部主事，后来突然得了肺病，因而辞官，在会稽山龙瑞宫旁的阳明洞筑室居住，因此被世人称为"阳明先生"。

王守仁康复后官复原职，但因反对宦官刘瑾而在1506年遭廷杖四十，被贬到贵州龙场任驿丞。刘瑾被处死后，王守仁被授以庐陵县知县。兵部尚书王琼认为他才华卓绝，便向朝廷力荐。1516年，王守仁被提升为左佥都御史。

出身文官却执掌兵符的王守仁治军安民，文武兼备。他镇压了农民起义，平息了宁王之乱，立功无数，但由于遭人忌恨，最后只得罢官返乡。

◀王守仁像

王守仁，字安伯，号阳明，浙江余姚人，明代著名哲学家、教育家、政治家和军事家，是朱熹后的另一位大儒，心学流派的重要大师。

▲ 王阳明遗诗避祸

据说王阳明被贬后，赴贵州途中还遭到刘瑾手下的追杀。为避祸，他只好装作投钱塘江自尽，让江上浮着冠履，江边还留下一首遗诗，有"百年臣子悲何极，夜夜江涛泣子胥"句。

授徒讲学，创立心学

王守仁是我国古代主观唯心主义的集大成者，他先后在稽山书院及龙泉寺中天阁等地讲学著书。他的学说深受南宋陆学及禅学影响，但更为细致、完善和广泛。他发展了陆九渊的学说，并以之与程朱学派相抗衡。

在很多重要观点上，王守仁的学说皆和朱熹的学说相对立。朱熹把《大学》分成经传，还补充了《格物

致知传》；王守仁却主张不划分经传，更不用补写经传。朱熹看重"格物致知"，将其放在"诚意"之前；王守仁却主张"格致源于诚意"，以"诚意"为重。朱熹把"心"与"理"，"知"与"行"分开了；王守仁却认为"心""理"一体，"知""行"合一。朱熹将"格物"定为理，重视外界事物的理，提出要用心体会堪称典范的每个字句；王守仁却觉得朱熹这是求外弃内、博大但缺少要点，主张将"格物"作为中心，努力发挥"良知"的功用，将"良知"作为判断事理的准绳及对经典释义的依据。尽管他们都不赞成佛老的虚玄与管商的功利，但王守仁觉得朱熹的思想过于琐碎，推翻不了佛老、管商。王守仁的思想和陆九渊比较相近，他采纳了陆九渊的"心即理说"，形成了一个完整的心学系统。王守仁主张"心外无物，心外无理"，提出身体的主宰就是"心"，"心"的本体就是"理"，"心"外无理，"心"所生发的就是"意"，"意"所存在的就是"物"，"心"外无"物"。他还主张"物便是事"，若"意为事亲"，"事亲"就是一物，若"意为事君"，则"事君"就是一物。所以，"物"没有处于"心"的外面。他重视主观意识的能动性，却

◀ （明）德化窑何朝宗款白釉观音坐像

观音发分六股，长辫打结，垂于两肩，修眉细目，表情慈祥、端庄。观音左手持如意，倚于兽头圈椅扶手上，右手置于屈起的右腿上。观音衣着宽大，衣纹流畅自然，背后有"何朝宗"葫芦形印。

〉〉〉医学家杨济时病逝。杨济时，字继洲，出身行医世家，其代表作《针灸大成》在国内外颇有影响。

混淆了主体与客体、意识与存在的界限，忽略了两者的对立，以致颠倒了两者的关系。

　　"良知说"是王守仁心学的独特之处。他认为人心的明净便是"良知"，"良知"就是"天理"，所以不能在"良知"以外寻求"天理"。他认为"良知"为造化之"精录"，世间万物都由"良知"生发而来。若无"良知"，就不会产生万物，且"良知"是人心所必备的。他还认为，"良知"乃"天渊"，为万物生长繁衍的根本，所以又能将"良知"称作"太虚"。万物在"太虚"中生长繁衍，便是在"良知"中生长繁衍，而非处于"良知"之外。王守仁还主张"良知"没有善恶之分，提出"良知乃超越善恶的极致的善"，是超越是非的极致真理。"善"和"恶"相对，"是"和"非"相对，它们皆是相对而言的，然而"良知"却是绝对的，所以他称其为"至善"或"无善无恶"。但王守仁晚年时又主张"无善无恶是心之体，有善有恶是意之动，知善知恶是良知，为善去恶是格物"，并将此当作著书立说的准则，体现了其思想的内在矛盾，导致日后该学派的辩论与分裂。

　　王守仁的"知行合一说"与朱熹的学说相对立，同时也异于陆九渊的学说。朱陆两人皆认为"知在先，行在后"，王守仁则不赞成把"知""行"截然分开，认为应在"我心"处寻求"理"，主张"知行合一"，既重视道德意识的主动性，要求人们在内在层面上用功，同时又强调道德的实践性，提出人们应在事上多锻炼，应言行统一，内外合一。然而他重视意识作用的效果，以为"一念动"就是"行"，混淆了意识活动与实践行为的界限。他之所以主张"知行合一"，主要就是为了避免"一念不善"，这便是其著书立说的准则。

　　王守仁自夸一生只为了做两件事，一是"破

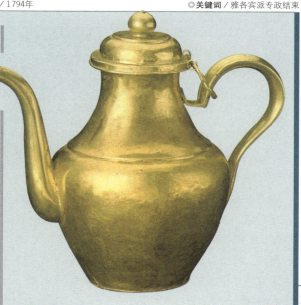

▲（明弘治）金执壶

壶体呈瓶形，口微撇，细颈，鼓腹，平底，腹部一侧为曲状细流，对侧有向上拱曲的壶柄，壶盖为伞形，盖沿处一圆环与壶柄相连，盖顶为宝珠状圆纽，壶体光素，腹部上方有一道鼓起弦纹。

山中贼"，就是剿灭土匪山贼，二是"破心中贼"，就是提出心学之说。他的著作有《王文成公全书》等。

　　1528年冬，王守仁由于肺痨日渐严重，上奏辞官，他不想客死他乡，便踏上返回老家余姚的归途，最终却由于病情加重而在回家的路上死于南安。去世前，王守仁的门人周积前来拜见他，王守仁睁开眼睛说道："我走了！"周积声泪俱下，急忙问道："您还有什么话要说吗？"只见王守仁微笑道："我心澄明，还有什么话要说吗？"没过一会儿，他就闭目长辞了。

　　王守仁的思想蕴含着利于思想解放的因素，受到近代康有为与梁启超的关注，也得到了熊十力的尊崇。明朝中期之后，王守仁的哲学思想流传至日本，成了"显学"，之后又影响了明治维新时的日本思想界，在日本革新上发挥了一些积极作用。

李时珍所著的《本草纲目》是我国古代最系统、最完备、最科学的一部医药学专著。它不但促进了我国药物学的进步，还对世界医药学、植物学、动物学、矿物学及化学产生了深远的影响。李时珍经过长期的实地调查，著成了这部被赞为"东方医药巨典"的《本草纲目》。《本草纲目》问世之后，流传至日本，之后又传至欧美各国，还被翻译成日、法、德、英等十多种文字广为流传，惠及五大洲。英国知名生物学家达尔文将它称为"中国古代的百科全书"，李时珍也被后人奉为"药圣"，名留青史。

公元1368年～公元1644年
//////////大明王朝//////////
药圣李时珍

放弃仕途，专心学医

李时珍是湖北蕲州人氏，字东璧，自号濒湖山人。他的家族历来以行医问药为生，其祖父、父亲都是医生。当时，乡野医生的地位十分低下，李家经常受到官僚劣绅的欺凌与侮辱。所以，李时珍的父亲决心让儿子读书参加科举考试，以赢得功名光耀门楣。

李时珍为人耿直刚正、淳朴天真，无心学习那些空泛无味的八股文。他考中了秀才后，接连三次考举人皆榜上无名，便放弃了为官的想法，专心学习医术。父亲应允了他的请求，同时细致耐心地将医术教授给他。之后，李时珍果真成了一名杰出的医生。李时珍三十八岁时因医术

高明而被武昌的楚王征召，担任王府奉祠正，同时掌管良医所的事务。三年后，他又被举荐赴京担任太医院判，任职一年就请辞返乡了。

穷搜博采，编撰药典

在此后的十余年里，李时珍阅览了大量古代医学典籍，还进行了很多临床诊断和治疗活动。他注意到在古代的本草典籍中有许多错误，于是决定重新编写一部有关本草的书。实际上，他在三十一岁时便已开始为这件事做准备了。他极力搜集、广泛采纳相关资料，把家中收藏的书都看完了。他趁着出诊的机会，从本乡富贵人家那里

▶李时珍像
李时珍是我国明代杰出的中医药学家，他在继承前人经验的基础上，重视实践，为研究药物一生奔波于祖国的大江南北，对中国乃至世界医学作出了极大的贡献。

〉〉〉山西灵丘发生强烈地震，北京、山东济南及聊城、天津、河南洛阳等地都有震感。

◀白花蛇

李时珍非常重视对药物的实地考察，还经常动手实践。他曾对蕲州白花蛇的生活习性进行观察，亲自捕蛇，对蛇进行解剖，了解白花蛇的气味、药性，并撰写了一本《白花蛇传》。

▼《本草纲目》内页

《本草纲目》共五十二卷，载有药物约一千九百种，收集医方一万多个，还绘制了一千一百余幅精美的插图，被誉为"东方药物巨典"。

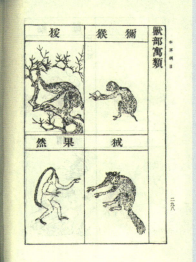

路更加不可或缺。因此，他走上了旅途，开始对每一种草药进行细致的实地考察和研究。

李时珍脚穿草鞋，身背药篓，在弟子庞宪、儿子建元的陪伴下，跋涉到偏远的深山老林，寻访著名的医生及博学之士，寻求民间确有疗效的现成药方，观察并搜集药物标本。除其家乡蕲州周边地区外，他还到过现在的江西、江苏、安徽等地区。每到一个地方，李时珍都会谦虚地向各个行业的人们求教，不论是采药的、种地的、伐木的，还是捕鱼的、打猎的，人们都非常愿意帮他弄清楚各种各样的药物。例如，芸薹是经常使用的药物，可它未入药之前是什么样子的呢？《神农本草经》里并未说清，诸家的注解也不明晰。于是李时珍向一个种菜的老农咨询，并亲自到菜地里细心观察，方得知芸薹便是油菜，是一年生或两年生草本植物，种子可以榨油。这些内容在后来的《本草纲目》里清清楚楚地展现了出来。

借书来看。他不仅阅览了上万卷医学书籍，读了许多著名的历史、地理及文学作品，细致研究古代几名杰出诗人的全集，并摘记了很多关于医药学的诗句。

在编纂《本草纲目》期间，最令李时珍感到为难的便是因为药名混乱庞杂，容易搞不清楚药物的真实形状和生长情况。尽管先前古人的本草书籍中多次给出解释，但某些作者未能进一步实地考察钻研，仅是"纸上猜度"，导致越解释越不清楚，甚至前后冲突，令人无法判断哪个才是对的。那么这些问题应如何解决呢？李时珍意识到，尽管读万卷书十分必要，可是行万里

不论是在到处寻访的过程中，还是在自己的药圃内，李时珍皆十分注意观察药物的样貌与生长状态。白花蛇具有医治风痹、抽搐、癫癣等作用，李时珍很早就开始在蛇贩子处观察钻研。但内行人告诉他，蛇贩子的蛇都是从江南兴国州的山中捕到的，并非是真正的白花蛇。那么真正的白花蛇又是什么样子的呢？于是李时珍向一个捕蛇者求教。那个人对他说，白花蛇的牙尖毒性极强，

◎看世界／《拿破仑法典》颁布　　　　◎时间／1804年　　　　◎关键词／第一部资产阶级民法典

若人不慎被其咬伤，就必须马上进行截肢，不然便会中毒身亡。然而由于白花蛇有医治疾病的功效，州官就逼迫百姓冒死去捕捉，然后拿来进献给皇帝。为了一探究竟，亲眼观察白花蛇，李时珍恳请捕蛇者领着他一同攀上了龙峰山。龙峰山上有一个猿猱洞，洞的四周都是突兀耸立的山石，灌木一簇簇长在一起，满眼都是缠在灌木上的石南藤。捕蛇者说，白花蛇喜爱吃石南藤的花叶，因此这附近生活着许多白花蛇。李时珍不顾个人安危，在捕蛇者的帮助下，终于亲眼见到了白花蛇，而且还目睹了捉蛇、制药的整个过程，并把这些细致地写进了书里。

在对药物的了解上，李时珍并未停留在粗略地观察层面上，而是采取"一一采视"的方式，照着实物来比较、核验。通过此种方式，他搞清楚了很多原来模糊不明、混淆不清的药物。在他看来，只有将众多药物一一列出，逐一进行观察、比较，才能获知其真实性状。

正是通过如此长时间的钻研与艰辛的考察，李时珍才将很多关于药物的疑问都弄清楚了，并在1578年将《本草纲目》创作完毕。

▼（明）御药房金罐
药罐腹上部附一銮形柄，罐体上有磕碰和磨损痕迹。木柄黑光发亮，似经长时间烟熏所致。

药物学的空前巨著

《本草纲目》整部书大致有一百九十万字，共有五十二卷，记载了一千八百九十二种药物，其中植物有一千多种，还收录了包括古代药学家及民间单方在内的一万多个药方。在书的前面还配有一千一百余幅药物形态图。《本草纲目》除汲取了历朝本草典籍的精髓描述，还尽力改正了很多先人有关药物性状等方面的不当描述，弥补了不完善的地方。

李时珍不但妥善处理了药物的检索等难题，还发表了他在植物分类学上的新观点，以及宝贵的生物进化发展思想。李时珍突破了从《神农本草经》之后，一直承袭了一千余年的上、中、下三品分类法，将药物分成水、火、土、金石、草、谷、菜、果、木、器服、虫、鳞、介、禽、兽、人共十六部六十类。每种药物的正名被标为纲，纲下设目，纲目明晰。书中还条理清晰地叙述了每种药物的相关知识，包含校正、释名、集解、正误、修治、气味、主治、发明、附录、附方等多项内容，由药物的历史、状貌到药物的功效、方剂等，记述得非常详尽。特别是"发明"一项，主要记载了李时珍对药物调查、钻研及现实应用的新发现和经验，这样便使本草学的知识变得更加丰富……这一切，使得《本草纲目》成为我国药物学上前所未有的伟大著作。

《本草纲目》对生物学、化学、矿物学、地质学、天文学等学科的钻研也具有很大的指导意义。所以，《本草纲目》可谓是截至16世纪，我国最系统、最完备、最科学的一部医药学专著。

少年读全景中华上下五千年 6

———— 明清王朝 ————

大清王朝/// 末代封建王朝的兴衰史

公 元 1 6 1 6 年 ～ 公 元 1 9 1 1 年

清朝是中国历史上最后一个封建王朝。从16世纪80年代起，女真的杰出领袖努尔哈赤用了三十多年的时间大体统一了女真各部，并建立了大金汗国（即清朝的前身）。清朝的八旗制度和女真文字都是在努尔哈赤统治时期创制的。由于辽宋时期的女真人首领完颜阿骨打曾建立过金政权，为将这两段历史区别开来，人们便把努尔哈赤所创建的金国称为后金。后金于1636年改国号为清，努尔哈赤即清太祖。

公元1616年~公元1911年
//////////////大清王朝//////////////
努尔哈赤建后金

少而英勇，背负血海家仇

明朝后期，朝廷吏治腐败、军备松弛，而北方地区的建州女真则不断地发展壮大起来。建州女真属于女真的一个分支，其首领是爱新觉罗·努尔哈赤。

努尔哈赤是历史上著名的政治家、军事家，也是八旗制度的创建者和整个八旗的统帅，他出生于建州女真一个小部酋长家里，祖父觉昌安和父亲塔克世都是明朝官员。努尔哈赤十岁丧母，由于继母凶悍，他从小就寄居在外祖父建州首领王杲家。努尔哈赤少年时喜爱骑马射箭，练得一身好武艺，长大后常在抚顺、清河等地

做生意，结交了很多朋友，并学会了蒙、汉两种语言文字。努尔哈赤喜欢阅读《三国演义》和《水浒传》等小说，并且从中悟到了很多军事上的谋略和兵法，同时学习了很多关于辽东地理、历史等方面的知识。

那时，女真各部落之间经常彼此征战，辽东总兵李成梁便利用这些部落之间的矛盾来巩固自己的统治。在努尔哈赤二十五岁时，明军欲攻打王杲的古勒寨，图伦城城主尼堪外兰暗通明朝，充当向导。当时的古勒寨寨主是王杲之子阿台，他的妻子是觉昌安的孙女。于是，努尔哈赤的祖父觉昌安带着努尔哈赤的父亲塔克世前去营救。进攻古勒寨时，明军在混战中杀掉了觉昌安和塔克世父子。

努尔哈赤闻讯悲愤交加，本想兴兵为家人报仇，无奈势单力薄，无法与兵力强大的明军相抗衡。于是，努尔哈赤迁怒于尼堪外兰，认为是尼堪外兰怂恿明军杀害了祖父和父亲，要求明军将尼堪外兰交由自己发落。明朝边将认为努尔哈赤无事生非，不但断然拒绝了他的要求，反而扬言要立尼堪外兰为王。消息传出后，尼堪外

◀清太祖努尔哈赤像
爱新觉罗·努尔哈赤，八旗制度的创立者，清朝的奠基人。1626年进攻明朝名将袁崇焕守卫的宁远城时负伤，后病逝。

▶（清）索子甲

古代战争中使用的一种金属铠甲，又称铁坎肩，以扁平的小铁环彼此相互套合而成，有弹性，能防刀枪，是八旗将士的重要防身装备。

兰声威大振，各部众纷纷前来归附，甚至连努尔哈赤的亲族子弟都准备杀掉努尔哈赤转投尼堪外兰。尼堪外兰趁势号令努尔哈赤俯首称臣，俨然以建州首领自居。

不屈奋起，统一女真各部

努尔哈赤怒火中烧，决心除掉尼堪外兰报仇雪恨。他把父亲留下的盔甲分发给部下，随后率领部众攻打图伦城。尼堪外兰招架不住努尔哈赤的猛烈进攻，只好弃城逃走。尼堪外兰逃到明军辖地鄂勒珲一带后，寻求明军庇护。明军见紧随其后的努尔哈赤不肯善罢甘休，担心引发边境战事，便将尼堪外兰交给努尔哈赤，任由其处置。

除掉尼堪外兰后，努尔哈赤实力大增，没用多长时间就把建州五部收归名下，并控制了鸭绿江地区。其他部落见努尔哈赤异军突起，深感不安，均伺机灭掉努尔哈赤。1593年，海西女真叶赫部集结扈伦四部、蒙古三部、长白二部合攻努尔哈赤。努尔哈赤获悉，在联军必经之地提前部署了伏击的精兵，并设下机关陷阱，然后静待敌军的到来。

联军抵达古勒山下时，努尔哈赤已备战多时。联军以骑兵担当前锋，气势汹汹地冲向努尔哈赤阵营。努尔哈赤下令从山上放下滚木石块，叶赫部的一名首领躲避不及，掉落马下被斩。联军一时群龙无首，气势顿失，很快就被打得四散而逃。努尔哈赤紧追不舍，一举消灭各部联军。就这样，努尔哈赤用了三十多年的时间，大体上统一了女真各部。

建元称汗，开始伐明大业

在统一女真的过程中，为了方便管理，努尔哈赤把女真人划分为八个部分，统称为"八旗"。八旗子弟平时在家种地狩猎，一旦战事需要，他们就上阵杀敌。这样做，既不耽误日常生产，又保障了战时用兵。同时，为了迷惑明朝统治者，努尔哈赤依然对明朝政府俯首称臣。明王朝觉得努尔哈赤忠心耿耿，便册封他为龙虎将军。后来，努尔

哈赤几次以拜谒明君的名义进京，借机打探明朝内部的情况。1616年，努尔哈赤在八旗贵族的拥戴下自立为汗，在中国东北地区建立了金国。为了有别于之前的金政权，历史上把努尔哈赤建立的政权称为后金。

　　建立政权后，努尔哈赤励精图治，举贤用能，很快便网罗了一批骁勇无比的猛将和足智多谋的人才。这些骁将谋士尽心竭力地辅佐努尔哈赤，使后金在与大明王朝的对抗过程中逐渐强大起来。努尔哈赤积累了大量的财富和兵力，于1618年领兵南下，开始向明朝发起大规模的进攻。从此，努尔哈赤踏上了夺取天下的征程。

历史百科 //八旗制度//

　　八旗制度是努尔哈赤创建的一种军政合一的制度，起源于统一女真部落的征战时期，是在氏族制的基础上逐渐发展演变而来的。有正黄、正红、正蓝、正白、镶黄、镶红、镶蓝、镶白八旗，统称"八旗"。每旗之下又设"牛录"，牛录是一个基本单位，每个牛录下有三百人。八旗子弟"出则为兵、入则为民"，平时耕地狩猎，战时出征作战，有效地整合利用了民力。八旗制度的建立适应了当时的经济基础，在巩固女真各部之间的联系上也起到了十分重要的作用。

▼（清）八旗甲胄
上（从左至右）：正黄旗、镶黄旗、正白旗、镶白旗。
下（从左至右）：正红旗、镶红旗、正蓝旗、镶蓝旗。

后金政权稳定后，努尔哈赤于1618年发布讨明檄文，直斥明朝犯有"害我祖、父"及"逼兵越界"等罪状，随即领兵袭击辽东重镇抚顺，攻陷清河堡，使日趋腐朽的大明王朝遭受了巨大的打击。1619年发生的萨尔浒之战是明朝政府与后金政权在辽东地区进行的一场具有决定性意义的重要战役。此战之后，双方局势发生逆转，后金的军事状态由防御转为进攻，而明朝在东北地区的防线则彻底土崩瓦解。

公元1616年~公元1911年
//////////大清王朝//////////
萨尔浒之战

心、虚张声势，明朝对外号称以四十七万兵力讨伐后金。但是，由明神宗统治的明朝已经到了行将就木的地步，国家军备十分松懈，这支临时从全国各地拼凑来的军队不堪一击。大军还没出征，就有不少士兵"伏地哀号，不愿出关"，甚至连领军将领都"哭而求调"。可想而知，这种军心涣散的部队，是根本无法与军备整齐的后金军队相抗衡的。

▼ 萨尔浒之战旧址

后金军队在萨尔浒之战中取胜，从此夺取了辽东战场的主动权。明军自遭此惨败，完全陷入被动，辽东局势越来越危急。

进攻抚顺，挑起战火

努尔哈赤建立政权后，开始为实现伐明大业做长期的准备。他用两年多的时间整顿吏治，发展生产，扩建军备。1618年，准备妥当的努尔哈赤亲自带领两万人马向抚顺进军。抵达抚顺城外后，努尔哈赤先写招降信给驻扎在抚顺的明军守将。明军守将李永芳见后金来势汹汹，便放弃抵抗，宣告投降。而此时，辽东巡抚派来援助抚顺的援兵还没抵达抚顺，就在半路上被后金军队击败。后金军队攻下抚顺城后，带着掠夺来的大量人口和牲畜返回赫图阿拉。

抚顺失陷的消息令明神宗大发雷霆，朝廷立即委任杨镐为辽东经略，组织兵力讨伐后金。于是，杨镐急调大军，于1619年兵分四路进军赫图阿拉。其中山海关总兵杜松统领中路左翼部队，辽东总兵李如柏统领中路右翼部队，开原总兵马林统领北路部队，辽阳总兵刘綎统领南路部队，杨镐则作为总指挥镇守沈阳。同时，为振奋军

灵活用兵，逐个击破

其实，虽然当时后金军队来势凶猛，但其所有八旗兵力加起来，也仅有六万而已。有些后金将士听说明朝将兵分四路全面讨伐后金，难免有些恐惧。但努尔哈赤却早已心中有数，他不断安抚将士，稳定军心，鼓舞士气。

努尔哈赤探知明军四路进击的军事部署后，决定采取集中兵力、逐路击破的作战方针。努尔哈赤派五百人防守自宽甸来攻的刘綎部队，集中主力

◎看世界／"神圣同盟"成立　　　　　◎时间／1815年　　　　　◎关键词／俄、普、奥三国

迎战杜松军。不久，两军在萨尔浒一带拉开了萨尔浒之战的序幕。

明军左翼统帅杜松因急于在此次讨伐后金中取得头功，便不顾天气恶劣，冒雪领兵从抚顺出发。杜松率先占领萨尔浒山口后，立刻下令兵分两路，一路就地驻守，自己则带领另一路去攻打后金的吉林崖。杜松的这一分兵策略正中努尔哈赤下怀。努尔哈赤看准时机，迅速集中兵力先行攻破驻守萨尔浒的明军大营，然后调转人马急救吉林崖。正在攻打吉林崖的明军得知萨尔浒失守，后路已断，顿时乱了阵脚。而后金军队士气大振，利用居高临下的有利地形，一举将杜松率领的明军杀得丢盔卸甲。努尔哈赤下令把杜松残部包围起来。杜松在组织突围时被流箭射中头部，落马而死。群龙无首的明军残兵很快就被杀得七零八落，尸横遍野。明军的精锐主力部队就这样被努尔哈赤灭掉了。

明军北路的马林率军从开原出发刚刚行军四十里，得知前方杜松兵败，吓得急忙就地扎营，转攻为守。但马林的龟缩不前终究没能抵抗努尔哈赤的强势进攻，北路明军很快就失守溃败了。马林仓皇逃回开原，明朝的第二路大军也被灭掉了。

负责讨伐后金的明军总指挥杨镐正坐镇沈阳

▲清太祖福陵
福陵位于沈阳东郊，是清太祖努尔哈赤和皇后叶赫那拉氏的陵墓，又称东陵。

▲沈阳故宫大政殿
大政殿是用来举行大典的地方，其建筑格局是个亭子，脱胎于满族的帐殿制，即帐篷的化身，显示了满族文化的发展。

等待前方捷报，没想到竟然接连得到两路人马惨败的消息，不禁大惊失色。杨镐慌忙下令另外两路明军停止前进。中路右翼总兵李如柏本来就对后金怀有畏惧心理，一听到杨镐的军令，竟连忙领军后撤。李如柏在撤军途中，遭遇守山巡逻的二十多名金兵。金兵鸣锣鼓噪，明军竟以为遭到金兵埋伏，全线溃逃，混乱中死伤无数。

兵不厌诈，速战速决

此时，四路明军只剩下刘綎率领的南路大军。杨镐传令停止进军时，刘綎大军已经迂回渗透到后金阵地，对其他三路明军的战况一无所知。刘綎是明朝军中著名的悍将，被人称为"刘大

◀（清）翠玉扳指
器身晶莹，呈圆筒状。扳指是拉弓射箭时扣弦用的一种专用器物，套在射手右手拇指上，以保护射手右拇指不被弓弦勒伤。

刀"，擅使一把百余斤重的大刀，运转如飞。刘綎治军严明，军备充分，而且在进入金军阵地以后还打过几次小规模的胜仗。

　　对于刘綎的这支部队，努尔哈赤采取了比较谨慎的应对策略，决定智取。努尔哈赤在投降的明军中挑出一个人，命其扮成杜松的部下，给刘綎送信说左翼军杜松已到赫图阿拉，正等待刘綎前来会师后合力攻城。刘綎当时并不知道其他三路明军已经溃败，也没接到杨镐的军令，便信以为真，领兵前去与杜松会师。他带领人马行进到一段山谷狭地时，因地形狭窄，队伍改为单列前进。这给金军突袭制造了可乘之机。埋伏在山上的金军击鼓鸣锣，杀声震天，令刘綎顿时六神无主。此时，努尔哈赤又派出一支金军化装成明军前去与刘綎"接应"。遭遇突袭的刘綎丝毫没有怀疑这支"援军"的身份，便立刻将人马撤到了"援军"的阵营中。在金军里应外合的夹击下，刘綎腹背受敌，陷入重重包围。虽然刘綎奋力突围，但终寡不敌众。最后，身负重伤的刘綎战死沙场。

　　明朝发动的这场讨金大战只持续了五天，便以明军彻底失败而告终。五天中，明军损失了三百多名文臣武将和大半兵马。

　　萨尔浒之战是中国历史上一个以少胜多的典

▲（清）翠玉白菜
清代玉雕，长约18.7厘米。清朝以来翡翠制品花样翻新，使用广泛。翡翠饰品有领管、朝珠、龙钩、带钩、如意、扳指、压发、鼻烟壶、三环扣、二环扣等。

型案例。在这场战役中，后金军队集中优势兵力，灵活机动，反应迅速，采用各个围歼的方法，最终取得完胜，为后人领兵作战提供了宝贵的经验。通过这场战役，后金不仅取得了丰厚的战利品，充实了军备，而且军威远扬，军心振奋，后金当权者的政治野心和掠夺财富的欲望也开始极度膨胀，这为后金以后攻取开原、诛灭叶赫、南下辽沈打下了坚实的基础。萨尔浒之战后，明金局势发生逆转，明朝上下一片恐慌，闻战色变，开始由进攻转为防御，明朝在东北地区的统治地位不复存在。

▼（清）子孙万代金葫芦
该器像生葫芦，中腰处似子母盖般上下套接，蒂旁立雕藤及叶三片，全器镂雕延绵枝蔓、花朵和葫芦。

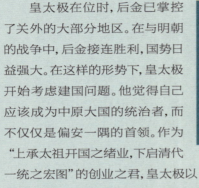

皇太极在位时，后金已掌控了关外的大部分地区。在与明朝的战争中，后金接连胜利，国势日益强大。在这样的形势下，皇太极开始考虑建国问题。他觉得自己应该成为中原大国的统治者，而不仅仅是偏安一隅的首领。作为"上承太祖开国之绪业，下启清代一统之宏图"的创业之君，皇太极以建立大清、一统中原为目标，开始向世人展现自己的雄才大略和政治抱负。

公元1616年～公元1911年
/////////////大清王朝/////////////
皇太极建清

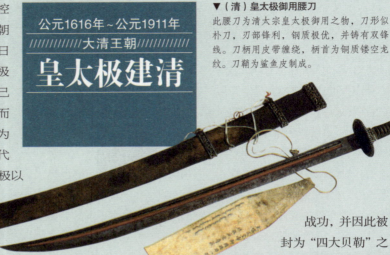

▼（清）皇太极御用腰刀
此腰刀为清太宗皇太极御用之物，刀形似朴刀，刃部锋利，钢质极优，并铸有双锋线。刀柄用皮带缠绕，柄首为铜质镂空龙纹。刀鞘为鲨鱼皮制成。

战功，并因此被封为"四大贝勒"之一，得到了"共议国政，各置官属"的特权。

文武双全，崭露头角

皇太极，努尔哈赤的第八个儿子，清朝的建立者，是杰出的政治家、军事家、战略家，史称清太宗。他的名字也译作黄台吉、洪太时、洪太主、红歹是等，这些都是满语的音译，但一般史学家公认为皇太极。

皇太极生来面色绯红，长相俊秀，又聪明伶俐，博闻强识，所以备受努尔哈赤的宠爱。皇太极少年时即表现出极高的理家治业能力。当时，他的父亲和兄长长年在外南征北战，年仅七岁的他便自己在家独掌大局，不但把家里的钱物管理得井井有条，而且还能把家里的大事小情处理得稳妥恰当，甚合努尔哈赤的心意。

满族是个崇尚武力的民族，皇太极继承了女真人崇武善战的血统，再加上他自身勤奋好学，终于练得一身好武艺。后来，他在随父征战的过程中大显身手，不但协助努尔哈赤建立了后金，还粉碎了兄长褚英造反的阴谋。皇太极在多次军事作战中积极出谋划策，为稳固后金政权立下了赫赫

南面独坐，完善体制

1626年秋，努尔哈赤逝世。几天后，皇太极继承汗位，接管后金政权。他登基后，踌躇满志，雄心勃勃，立志在父亲创业的基础上大展宏图，开创全新局面。

皇太极刚刚即位时，后金的处境十分艰难。那时，后金因屡次发动对外征战而受到明朝、蒙古、朝鲜的孤立和围攻，而且，后金国内的贵族也开始争权夺势，内部矛盾日益尖锐。

皇太极虽然名义上是"可汗天子"，但按照女真的旧制规定，皇太极必须与二哥代善、堂哥阿敏、五哥莽古尔泰轮流执政。所以，皇太极的权利受到来自国内各方势力的制约。针对这一局面，皇太极开始采取分而化之的策略，全力打击国内分权行为，以加强中央集权，提高皇权的统治地位。首先，皇太极以阿敏私自弃城等罪名将其终身幽禁；之后，皇太极因莽古尔泰"御前露刃"革去其贝勒的头衔；接着，皇太极废除了四大

贝勒共同掌管政务的旧制，独揽政权。

　　随后，皇太极开始积极构建国家机构，他在吸取明制中可取部分的基础上，对八旗制度作出了重大调整。皇太极先是设立负责"翻译汉字书籍"和"记注本朝政事"的文馆，为日后推行汉化

▼（清）内填珐琅兽面纹方觚
该器高约43.7厘米，仿古青铜方觚而制，工艺精美。银胎，喇叭口，口沿竖立，丰肩，敛腹，底足外撇而底缘直立。觚的四角装饰有矩形棱脊，上面饰有不同的纹饰，类似简化的百寿文字。器内露胎，器表錾刻内含类似柿蒂纹之方格的锦地，口沿与足沿錾拐子龙，喇叭口四面錾刻兽面纹和图案化的蝉纹，肩饰蕉叶纹，腹部为兽面纹，足饰为变形凤鸟和蝉纹、夔龙等纹饰，填烧绿、蓝、白、褐等色釉。

做准备；然后分别设立了负责处理国家行政事务的吏、户、礼、兵、刑、工六部；之后又把文馆扩建为内国史院、内秘书院和内弘文院三院，这内三院的主要职责是起草诏书、拟写文书敕谕、编写史册、讲经注史、颁布法令等。最后，皇太极单独设立都察院，并将蒙古衙门改为理藩院。通过这一系列措施，皇太极加强了后金的中央集权统治。

　　这时，后金的人口囊括满、蒙、汉三大族，其版图北起黑龙江口，西达归化城以西，南面以锦州、宁远为界与明朝分庭抗礼，已经成为一个势力强盛的大国。随着后金国力日盛，皇太极开始筹划统一中原。1636年，皇太极自立为帝，将国号改为清，将年号改为崇德，将族名改为满洲。这一做法充分显示出皇太极意欲统一天下、称帝中原的胆识和气魄。

　　对于皇太极将国号改为清的初衷，史学界历来颇有争议，因为皇太极并未解释新国号的特殊含义。史学家对"清"的解法颇多，其中一种比较主流的说法认为：北方信奉萨满教的各族非常尊崇青色，满洲也是信奉萨满教的，所以以"清"为国号。还有一种说法认为：从满族文字来分析，"清"与"金"虽然在汉语的写法和读法上完全不同，但这两个字在满语中发同一个音，因此"清"即为"金"。另外，乾隆皇帝曾解释"清"意为"祚土于清"，但究竟孰是孰非，已无从考证，难下定论。

　　皇太极继承并发展了努尔哈赤的事业，对内加强封建君主专制，发展八旗制度，推行汉化政策，对外与蒙古建立联盟，打击没落的明王朝，逐渐统一了东北全境。

　　最后，这位具有远见卓识的帝王缔造了中国封建社会的最后一个王朝，为大清政权登上中原政治舞台打下了坚实的基础，开创了一个崭新的时代。

1644年，以李自成为首的农民军被迫退出北京，清摄政王多尔衮统领清军进逼中原。在山海关总兵吴三桂的配合下，清军长驱直入，很快就占据了北京城。不久，多尔衮力排众议，毅然决定移都北京。同年秋，顺治在太和门昭告天下，决定"定鼎燕京"。至此，清朝的统治中心从关外迁至关内，清朝在统一全国的道路上又向前迈进了一大步。

公元1616年~公元1911年
//////////大清王朝//////////
多尔衮定鼎北京

多尔衮的心机和谋略，也为他后来参与皇子争储之事埋下了伏笔。

代天摄政，大权独揽

1643年，皇太极驾崩。当时，太宗长子肃亲王豪格与睿亲王多尔衮形成了旗鼓相当的两大夺位派别，双方斗争态势愈演愈烈，几乎到了兵戎相见的地步。在这危急时刻，孝庄文皇后在两派势力

聪慧多智，屡建奇功

多尔衮是努尔哈赤的第十四个儿子，与皇太极是同父异母的兄弟。多尔衮的母亲大妃乌拉那拉氏颇受努尔哈赤的宠爱，所以多尔衮年幼时就被封为贝勒。努尔哈赤死后，多尔衮目睹了生母被逼陪葬的过程，多舛的境遇造就了他忍辱负重、坚忍不拔的个性。多尔衮十七岁时随皇太极出征，取得敖木轮大捷，因战功受封"墨尔根戴青"，成为后金军队的主帅之一。

多尔衮聪慧过人，骁勇善战，因多次在重大战事中立功而深得皇太极器重，并屡屡被委以重任。1636年，皇太极称帝，封多尔衮为和硕睿亲王。多尔衮凭借自身的才能和显赫的战绩，跻身于皇太极的心腹重臣之列，其地位高居其他各王之上。这一时期，皇太极每遇重大政事，必会召见多尔衮共同商议。频繁参政议政的经历培养了

▶多尔衮率清军入关
多尔衮有勇有谋，善于把握战争全局。他精准地掌握时机，一举挥军入关，确立了清王朝在全国的统治。

〉〉〉顺治帝将紫禁城的正门"承天门"改称"天安门",以求清朝统治的"长治久安"。

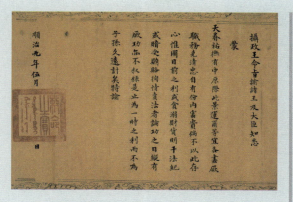

▲（清）多尔衮诰命

诰命又称诰书,是皇帝封赠官员的专用文书。清代诰命是用五色或三色绫丝织成的。由于各官员的品级不同,诰命封赠的范围及轴数、图案也各有不同。

中进行了有效的干预和调解。多尔衮权衡利弊后,提出了一个折中的建议:由孝庄之子福临继位,自己与郑亲王济尔哈朗共同辅政,福临长大后二王同时归政。这个提议得到了大家的认可和采纳。经历此次事件后,清廷内部争权夺势的紧张局面得以缓和,皇族权贵间达成了共识,而多尔衮的政治地位也得到了很大提升。这一切为日后清军入关、统一中原打下了良好的基础。

福临登基后,尊封多尔衮为"皇父摄政王"。多尔衮便充分利用职权,积极参与国事的决断,并很快加强了中央集权。多尔衮先是借口议政王大臣"众议不决,反误政务",收回议政王大臣的议政权,然后撤掉诸王管理部,将所有事务归由尚书掌管,并规定尚书直接对摄政王负责,接着授权都察院督管诸王贝勒的言谈举止,规定都察院如有所获,应及时上奏,不得瞒报。此外,多尔衮还规定摄政王有权先于诸王知晓各衙门奏闻、记入档案的各项事务。这些举措的实施,在很大程度上削弱了诸王参政的权力,而且,连另一位辅政王济尔哈朗也已退居多尔衮之下,多尔衮逐步为自己独揽大权铺平了道路。

1644年,礼部出台制定了一套礼仪规则,规定摄政王多尔衮内行外出,诸王不得与之位列同等、平起平坐。这样一来,多尔衮的特权在律法上得到了承认,多尔衮成了清朝的实际统治者。

独具慧眼,定鼎北京

多尔衮总有比其他朝臣更独到的见解。最初,多尔衮提出攻占北京,进而统一全国的设想时,朝中百官响应的人很少,大多数王公大臣都满足于偏安一隅。1644年春,李自成的农民起义军攻陷北京。当崇祯帝自杀的消息传到清朝时,多尔衮敏锐地意识到这是举兵入关、定鼎中原的大好时机。于是,他力排众议,果断采纳范文程的建议,一反过去清军在伐明战事中烧杀劫掠的惯例,而以"严明军纪,秋毫无犯"的军令要求清军沿途不扰民业,收揽民心。多尔衮在数日内集齐兵马,向北京进发。当他得到明朝已灭亡的准确消息后,下令全军加速前进,同时打出"复仇灭贼""仁义之师"的旗号,明确表明清军此次出兵的目的是夺取整个中原。

多尔衮这一高瞻远瞩的决断使清军掌握了主动权。清军长驱直入,势如破竹,于1644年春进入北京,明朝遗臣出城相迎。多尔衮经朝阳门入主紫禁城后,接受百官朝贺,并正式宣布定都北京。不久,他下令以国礼厚葬崇祯帝,军民服丧三日。随后,多尔衮迎顺治帝福临入京,同时诏令满洲民众随行入关,充实京户。同年秋,顺治登临太和殿,在北京重行加冕大礼,大赦天下。至此,大清王朝在中原地区的统治正式开始。

多尔衮深谋远虑,凭借非凡的军事政治才华,毅然决定定都北京,开启了清朝在中原长达两百多年的统治史。多尔衮作为入关后清朝的实际创立者,其卓越的功勋永载史册。

〉〉〉顺治帝册封达赖五世罗桑嘉措为"西天大善自在佛所领天下释教普通瓦赤喇怛喇达赖喇嘛",确定了达赖喇嘛的西藏佛教领袖的地位。

孝庄太后是一位富有传奇色彩的女性,她一生经历清初三朝,那正是清朝由乱到治的关键历史时期。她凭借自己的聪明才智,斡旋于皇亲国戚与朝廷重臣之间,多次拯救清朝于危难之中。她为开创清朝的鼎盛局面尽心尽力,为调和清宫内部矛盾、稳定清初社会秩序、促进国家统一作出了重大贡献。从清朝创立之初到康乾盛世这一过渡时期,孝庄太后在朝中发挥着举足轻重的作用,她因此被后世尊称为"清代国母"。

公元1616年~公元1911年

////////////////// 大清王朝 //////////////////

"清代国母"孝庄太后

机敏善谋,初平清朝政局

孝庄,清太宗皇太极的妃子,本姓博尔济吉特氏,蒙古名字布木布泰,是蒙古科尔沁贝勒宰桑的女儿,顺治的生母,康熙的祖母。史载孝庄美貌惊人,聪慧机敏,从摄政王多尔衮时代即表现出高超的处事能力。孝庄一生培养、辅佐顺治、康熙二帝,在清王朝由乱到治的历史过渡时期发挥了非常重要的作用。

1626年,十三岁的孝庄嫁给年长自己二十多岁的皇太极为侧福晋。1636年,皇太极改国号为清,孝庄被赐予庄妃的封号。孝庄辅佐皇太极理政,深得其宠信。1638年,孝庄为

皇太极生下一子,取名福临,为皇太极的第九子。

1643年,皇太极突然驾崩,皇太极死后,皇室展开了激烈的夺权大战。皇长子豪格与叔父代善、多尔衮、阿济格、多铎之间的斗争达到白热化。就在这危急时刻,孝庄以其特殊的身份地位和过人的才智,极力周旋于关键人物多尔衮和代善之间,并将自己年仅六岁的儿子福临(即后来的顺治帝)推上帝位,以平衡各方关系。没过多久,福临在皇叔多尔衮的辅佐下,顺利入主北京,孝庄也被尊为皇太后。在顺治帝由于年幼尚且不能理政的情况下,孝庄按照满族"兄死则妻其嫂"的习俗下嫁多尔衮,借以消除其对顺治帝位的威胁。关于清初太后下嫁一事的原委,众说纷纭,史家也对此争论不休。《东华录》中记载了这样的情节:多尔衮经常出入皇宫内院,顺治也称多尔衮为"皇父摄政王"。但历史学家孟森经考证,一一驳回了这些所谓的依据。关于孝庄的这段历史史学界并无定论。但无论如何,站在历史的角度来看,太后下嫁这一举措并没有影响到孝庄的历史地位和人们对她的评价。

◀孝庄太后像

有野史记载,皇太极死后,孝庄太后为了辅助年幼的顺治皇帝,下嫁摄政王多尔衮,这件事成为清史研究中的一大疑案。

1655年

〉〉〉顺治帝"法祖为先"，依照《贞观政要》《洪武宝训》等书，命人开馆编辑《太祖圣训》《太宗圣训》。

▲（清）金漆三多如意

全器透雕成树枝状，木胎外髹金漆。该器首、腹、趾均镂雕大型桃实、佛手、石榴等果实枝叶，寓意多福、多寿、多男子。

正是孝庄的斡旋，才使得清朝皇权以和平的方式交到了顺治手中。

孝庄在抚养和教育顺治时，表现出了高超的教育才能。她时刻以明君英主的标准教导和要求顺治，告诫顺治要近贤能，远小人，节俭朴实，赏罚分明。对于少年天子的年少气盛，孝庄总能以大局为重，恰当稳妥地处理母子关系。1660年，由于政务繁杂、爱妃逝世等原因，顺治陷入了痛苦之中，他寄希望于佛法，萌生了出家之念。最后，在孝庄的干涉和调停下，此事才得以平息，既保全了皇家的颜面，也没有影响政局的稳定。通过这些

事，可以看出孝庄在理家安邦方面所具有的过人才智。

孝庄在革除旧制、打破陈规方面也表现不俗。1653年，孝庄将汉军旗将领孔有德的女儿孔四贞带入宫中，将其视为宗室郡主抚养，之后又将皇太极十四女和硕公主下嫁给吴三桂之子吴应熊。这些打破满汉隔阂的举动为清朝政府赢得汉人支持起到了不小的作用。

孝庄虽然深居宫闱，但能够体恤民间疾苦。她认为明末清初的动荡局势一定会影响到生产的发展，造成百姓流离失所、国库空虚。因此，她在宫中带头倡导节俭，力求节约后宫开支以抚恤百姓、赈济

◀（清）点翠竹叶镂空金指甲套

清代贵族妇女喜欢蓄指甲，为了保护细长的指甲，需要在手指上加罩一个套筒，就是指甲套。清宫皇后、嫔妃们的指甲套质地有金、银、玉、玻璃、铜、珐琅等多种材料，利用镂空、錾花、镶嵌等装饰手法，纹样大小由基部到指尖顺势而收，自然流畅；背面多为镂雕，这样夏季戴不致憋闷。

灾民。这一做法既安定了社会局面，缓和了阶级矛盾，也为后来的康、雍两朝开创了清廉之风。

辅佐康熙，开创大清盛世

1661年，顺治染疾驾崩后，康熙登基。康熙名爱新觉罗·玄烨，他幼年生活在祖母孝庄身边。孝庄对康熙的培养同样尽心竭力，在康熙身上倾注了无数心血。康熙从小就受到满、汉两种文化的熏陶，在祖母孝庄的教导下逐渐懂得"古称为君难，苍生至众，天子以一身临其上，生养抚育，莫不引领而望，必深思得众则得国之道，使四海康阜，绵历数于无疆"。可以说，康熙后来能成为一代明君英主，与其早年接受孝庄的教诲有很大关系。

孝庄竭力辅弼幼主康熙，她在参政议政的尺度上把握得恰到好处，使过渡时期的政权避过重重险境，最终迎来流芳后世的盛世辉煌。康熙即位时刚刚八岁，虽有四位大臣辅政，但康熙在处理重大事务时常征求祖母的意见，然后做出决定。当时，在辅佐康熙的四位大臣中，鳌拜的势力最强大，所以鳌拜根本不把年幼的康熙放在眼里，甚至觊觎皇位，几欲取而代之。康熙在孝庄的大力支持下，与鳌拜斗智斗勇，最后一举铲除了鳌拜集团，巩固了皇权。在军国大事的处理上，孝庄也表现出了高瞻远瞩的政治家风范。1673年，孝庄用自己的钱粮奖赏平定吴三桂叛乱的将士们；在镇压蒙古察哈尔部布尔尼叛乱时，她又大力举荐图海，最终图海不负众望，帮助康熙迅速平定了布尔尼叛乱。可以说，假如没有孝庄，历史上或许不一定会出现康乾盛世。

康熙是孝庄亲手培养辅佐起来的，所以康熙对孝庄的感情非常深厚。康熙每天都坚持给孝庄请安，而且一有闲暇就陪孝庄出游散心。《清圣祖实录》中记载，1672年，孝庄去赤城温泉调养身体。一路上，康熙对祖母孝庄体贴入微，悉心照料。《康熙起居注》中也记载，孝庄临终前的一段时间，康熙守在孝庄的病床前尽心侍奉，直到1687年冬孝庄病逝。康熙的仁孝之举世上罕见，这也从一个侧面反映出孝庄生前对康熙的教诲影响之深。

孝庄一生辅佐皇太极、顺治、康熙三帝，为清朝的兴盛毫无保留地奉献了毕生的心血。她以过人的才智调解清室内部的重重矛盾，为稳定清朝初期的社会秩序打下了良好的基础，更为促进国家统一繁荣作出了巨大贡献。这位伟大又充满智慧的女性不愧为"清代国母"。

◀驿站乘马铜牌
出土于内蒙古自治区，属于清代驿站乘马铜牌，说明当时政府已经加强了对这里的管理，边疆地区和中原往来也很频繁。

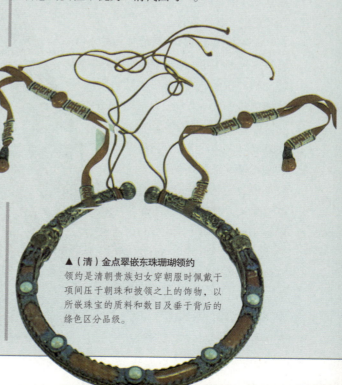

▲（清）金点翠嵌东珠珊瑚领约
领约是清朝贵族妇女穿朝服时佩戴于项间压于朝珠和披领之上的饰物，以所嵌珠宝的质料和数目及垂于背后的绿色区分品级。

〉〉〉《赋役全书》编成，颁行天下。《赋役全书》又名《条鞭赋役册》，是清朝记载各地赋役数额的册籍和官府公布的征收赋税税则。

皇太极去世后，顺治登基。顺治是清朝进入中原后的首位皇帝。他在位期间颇有作为：承认并吸取了汉文化的精髓；大力提拔汉官，警惕朋党祸患，整饬官场风气；主张与民生息……这些措施为稳定清初统治打下了良好的基础。但另一方面，他由于少年登基，为人处事不免年轻气盛，任性固执，还曾一度沉溺于儿女情长中无法自拔。在遭受痛失幼子、爱妃等一连串的打击后，顺治身心俱疲，终因身染天花而英年早逝。

公元1616年~公元1911年

//////////////// 大清王朝 ////////////////

多情天子顺治帝

然顺治终于可以大展拳脚，尽其所能地施展自己的才华，但他亲政之初的清朝形势并不容乐观，军事、政治、经济等各方面的问题都考验着这位年轻的皇帝。顺治临政后遇到的第一个难题就是审阅汉文奏章。毕竟，对长于骑马射箭的满洲人来说，要想娴熟驾驭博大精深的汉字绝非一件易事。幸好顺治天生聪颖，勤奋好学。为了能处理好军国大事，顺治废寝忘食，刻苦学习汉文化知识，不断提高自己治国平天下的能力。

少年天子亲政，清明之举颇多

爱新觉罗·福临是清太宗皇太极的第九子，其生母为孝庄文皇后。他于1643年继承皇位，年号顺治，史称顺治帝。顺，取顺利之意；治，即治理。顺治意为顺利治国、华夏一统。顺治在位十八载，庙号世祖。

1644年，年仅六岁的顺治随母入京，在太和门举行登基大典，正式成为清朝入关后的首位皇帝。在他亲政之前，一直是其叔父多尔衮摄政。这一期间，多尔衮先后兴兵镇压李自成、张献忠等农民起义军，逐渐统一了全国。他推行剃发革服、八旗圈地等高压政策，这给清朝初期的统治带来一些负面影响。1650年，多尔衮在塞外射猎途中病逝。

多尔衮死后，顺治开始独立掌管国事。对于多尔衮死后的待遇问题，顺治采取了削其封号、罢其爵位、毁其庙号、抄其家财的惩罚措施。此后，虽

▼（清）清世祖亲政诏书

清世祖顺治皇帝福临于1643年承袭父位，由叔父睿亲王多尔衮及郑亲王济尔哈朗辅政。1644年清朝自盛京迁都北京，十月初一顺治举行登基大典。1651年，他开始亲政。

顺治具有开阔的眼界，在文化方面，他吸取汉文化的精华，敢于冲破祖制，提拔重用汉人；在军事方面，面对国内战乱迭起的局势，他果断采取重抚轻剿的政策稳定时局；在政治方面，他吸取明朝灭亡的教训，警惕朋党祸患，整饬官场作风，取消诸王贝勒参政的权力，在很大程度上加强了皇权，并建立起一个比较廉洁高效的中央政府；在经济方面，他下令停止八旗圈地，积极安顿流民，鼓励生产开荒，提出与民休息，使当时的

社会矛盾和民族矛盾都有所缓和。此外，顺治还下令免除此前各地向朝廷进献土特产的惯例，甚至废掉明朝以来对百姓的各项苛派，以促进生产发展。

　　顺治在治理国家的过程中，充分展现了一代明君的宽阔胸襟。作为一个少年天子，顺治能够诚心求教、广纳建议，这一点诚为可贵。他不但鼓励大臣直言上谏，而且还能对其中比较尖锐的意见虚心接受。这样广博的胸怀在历代帝王中是比较少见的，在这方面，顺治为后代子孙作出了榜样，堪称清朝帝王中的典范。

爱情缠绵悱恻，离位扑朔迷离

　　虽然顺治掌权初期所采取的举措颇受后世称颂，但由于年轻气盛、脾气急躁、性格直率，他还没来得及形成强大的势力，便败给了朝中反对汉化的守旧大臣。此后，顺治的政治生涯陷入低谷。于是，他转而将精力投入到感情中。

　　顺治一生有两后、十五妃，但他的婚姻生活却很不幸。《清史稿·后妃传》中记载，顺治的两位皇后中，一位是多尔衮做主包办的，一位是太后授意为其联姻的。前者是顺治生母的侄女博尔济吉特氏，因与顺治性格不合，不久被废，降为侧妃；后者也是博尔济吉特氏，因能委曲求全，又有太后护佑，才未落得被废的下场，但与顺治之间也谈不上有什么感情。

　　政治上的不顺心加上生活中的不如意，使顺治一度消沉迷惘。直到董鄂妃的出现，才让顺治的内心恢复生机。对于这位红颜知己，顺治倾注了全部的爱心与柔情，以致后来董鄂妃的突然离世给他带来了巨大的打击。

　　1657年，顺治与董鄂妃所生的皇子不幸夭折。1660年，董鄂妃突然病逝。这一连串的厄运

▲ （清）清世祖福临皇帝玉册
此玉册首、末两页刻龙纹填金，其他页面分刻汉、满文字，记载制册时间及为先帝所颂溢美之词，其中谥号填金，册文填青，各页之间以黄缘黄缎相连，每页间隔以黄织金缎。全部玉册用金漆木箱盛装。

给顺治带来了巨大的痛苦。这种身心俱焚的煎熬让本就倾心僧禅的顺治产生了皈依佛门、削发为僧的念头。在孝庄及臣子幕僚的极力劝阻下，顺治才打消了出家的念头。但顺治从此彻底心灰意懒，不再是从前那位胸怀壮志、意气风发的帝王。1661年，年轻的顺治便因感染天花无药可救，在养心殿驾崩。

　　虽然英年早逝的顺治在历史的舞台上只留下了短短的一行足印，但这位少年天子却给后人留下了很多值得品评的事迹。顺治在位十八年，剃发、易服、圈地、占房、投充、逋逃，是其六大弊政；统一中原、废除三饷、治理西藏、整顿吏治、崇文兴教、倾心汉化，则是其六大功绩。此外，他的情感世界，也给后人留下了无尽的遐想和感叹。

1661年

〉〉〉正月，顺治帝卒。其三子玄烨即位，是为清圣祖康熙帝。

◎看世界／中美洲联邦成立　　◎时间／1823年　　◎关键词／西班牙属国 独立宣言

台湾自古就是中国的领土。明朝末年，政治黑暗，时局混乱，荷兰殖民者趁机侵扰台湾。1642年，荷兰军队在台湾北部打败西班牙殖民军，侵占了整个台湾，开始在台湾实行残酷的殖民统治，这引起了台湾民众的愤怒和反抗。郑成功便是在这种情形下渡海赴台的。历经多年抗战，郑成功最终将台湾收复，结束了荷兰入侵者对台湾的殖民统治，捍卫了中华民族的利益，在中华民族反抗海外入侵、保护祖国领土的历史上写下了辉煌的一笔。郑成功也因此成了流芳千古的民族英雄。

公元1616年～公元1911年
//////////大清王朝//////////
郑成功收复台湾

▼郑成功像
郑成功以赶走荷兰殖民者、收复台湾的功绩而名垂青史。

背父救国，坚持抗清

郑成功是隆武政权大臣郑芝龙之子，本名为森，字大木。因深得南明隆武帝的器重，他被赐予朱姓，改名为成功，故而被称作"国姓爷"。

1646年，郑芝龙被捕后投降清朝。郑成功却未跟随父的脚步，而是领兵拒绝投降，决心"不受诏，不剃头"，还打出"背父救国"的口号，坚决抗击清朝。

1647年，郑成功统领海上义师，由福建南澳出发，在两三年里，接连攻克同安、海澄、泉州等众多地区，又攻占了金门、厦门，引发了清朝之初激烈的抗清斗争。

郑成功以金门、厦门为基地，进行了很多次北征与南讨，其中以1659

▼少年读全景中华上下五千年·6·明清王朝

▼大清王朝·末代封建王朝的兴衰史

〇八七

〉〉〉郑成功向热兰遮城发起猛烈攻击，迫使荷兰人退出热兰遮城，成功收复台湾。

年北征的声势最为浩大，但最后以失败告终，损失巨大。1660年，历经半年的休息整顿后，郑成功在海门港击败了安南将军达素统领的清朝水军。

1661年，康熙登基不久，为了击败郑成功的抗清队伍，清朝统治者采取了郑氏归降将领黄梧提出的"灭贼五策"，其主要内容有：实行二十年的迁界令，即将山东、江苏、浙江、福建、广东沿海二十里的居民悉数内迁二十年，设立边界，彻底孤立郑成功；将沿海所有房屋拆除，船只烧毁，不准寸板入水，所有江河都建起桩栅，货物不许越界，使郑成功没有木材修葺船只，没有粮食供应；在宁古塔杀死郑成功被羁押在京的父亲郑芝龙（一说斩杀于北京菜市口）；掘开郑氏祖先坟墓；转移归降兵士，分派他们到各省的荒僻之地开荒种地，交粮纳税，一来分散郑成功的党羽，二

来充实国库。

由于清朝政府采取新的策略，郑成功及其军队被切断了经济支援，财政危机十分严重，只得舍弃"以近岸离岛为基地，骚扰东南沿海"的军事战略。

当时，台湾被荷兰殖民者所占据。为了改变被动地位，在爱国思想的影响下，郑成功开始转过头来攻打台湾。

挥戈东征，收复台湾

台湾是中国最大的岛屿，岛上物产丰富，土壤肥沃。从古至今，勤劳的中国人便一直在岛上过活。

荷兰殖民者侵占台湾后，对岛上居民进行了残酷的掳掠及残暴的殖民统治，使得中国人民异常气愤。

郑成功于1661年春天亲率两万多名将士，乘坐战船从金门出兵前往台湾。数日后，郑成功的军队在台南的鹿耳门上岸。鹿耳门的地势非常险要，其周围是几十里的浅滩。荷兰殖民者在此地沿着水边设立了很多炮台。郑成功不顾险恶的地形及敌军周密的防御，亲自率领船队进发，径直向台湾北港驶去。

在赤崁城以北大概五千米处，郑成功的军队火速上岸。台湾民众都抢着前来接待郑成功的军队，他们挑水提饭，帮助军队运送物品。在台湾民众的全力支持下，郑成功军队的士气愈加振奋。荷兰海军司令官贝德尔凭借精良的火器顽固抵抗，企图阻挡郑成功的军队。郑成功的军队不顾敌军的炮火，奋勇向前冲杀，将荷兰殖民者打得丢盔弃甲、落荒而逃。

此后，郑成功又接连击败荷兰海军的几次反攻，在成功收复赤崁城后，便很快掌控了整个台湾，荷兰殖民者只得后退至热兰遮城进行防守。

▲郑成功收复台湾

郑成功收复台湾的战争，是我国海战史上大规模、远距离的一次成功的登陆作战，是以劣势装备战胜装备精良的敌人的突出战例。

〉〉〉著名文学家钱谦益病逝。钱谦益，字受之，号牧斋、蒙叟，著有《初学集》等。其妾柳如是号河东君，是明末清初的女诗人。

▶（清）《巡视台阳图卷》（局部）
1683年，清政府派兵渡海，郑成功的孙子郑克塽投降，清朝统一了台湾。1722年，清政府设置了巡台御史，此图描绘的是雍正年间巡台御史巡视台湾的情景。

退守热兰遮城的荷兰侵台总督揆一倚仗粮草富足，企图坚守热兰遮城，等候海外援兵的到来。与此同时，荷兰舰队也多次从海上实施反攻。在台湾民众的紧密配合下，郑成功统领勇猛的水军与荷兰侵略者进行了激烈的海战。荷兰舰队在浅水区行动十分不便，而郑成功的小型战船行动起来则非常快捷。在此次海战中，荷兰侵略者遭受到前所未有的猛烈攻击。无奈之下，荷兰殖民者只得于1662年签下了投降书。荷兰驻守在台湾的总督揆一及其残部窘迫地从台湾撤离了。被荷兰殖民者强行霸占了几十年的台湾，终于回归到了祖国的怀抱。

为了庆祝胜利，郑成功专门写了一首诗《复台》："开辟荆榛逐荷夷，十年始克复先基。田横尚有三千客，茹苦间关不忍离。"诗中述说了收回台湾的艰辛过程，深切地表达了郑成功与兵士们有福同享、有难同当、生死相伴、不离不弃的肝胆之情。

海外孤忠，永垂史册

郑成功告慰山河，颁布屯垦之令，在台湾建立东宁王国，范围包括如今台湾南部及部分东部的土地。他还设立承天府，将台南改成东都，以表示等候明朝永历皇帝东来的意思。郑成功还努力争取明朝遗臣为东宁王国效命，并继续坚持抗击清朝。

1662年，桂王朱由榔在缅甸死去，尽管当时还有其他明朝宗室在台湾，但郑成功已决意不再拥护新君，而是自称台湾之主。但是，郑成功不幸染上疫病，一个月后便去世了，时年三十九岁。郑成功被葬在台南洲仔尾，1699年迁葬于南安祖墓。康熙曾为之题写挽联："四镇多二心，两岛屯师，敢向东南争半壁；诸王无寸土，一隅抗志，方知海外有孤忠。"

台湾自古以来便是中国的领土。郑成功收复台湾的壮举必定会永垂青史。同时，身为爱国英雄，他也会被人们永久地铭记于心。

◎看世界／英国大诗人拜伦去世　　　　◎时间／1824年　　　　◎关键词／《唐·璜》 浪漫主义

公元1616年~公元1911年
大清王朝
少年康熙智擒鳌拜

1661年，顺治帝驾崩，年仅八岁的爱新觉罗·玄烨即位，史称康熙帝。据顺治遗诏，索尼、遏必隆、苏克萨哈、鳌拜四大臣辅政。其中，鳌拜仗着军功卓著，日益骄横。他擅权自重，结党营私，专横跋扈，欺凌幼主。后来，少年康熙在孝庄太后等人的支持下，韬光养晦，精心安排，一举铲除了鳌拜势力集团，夺回了朝政大权。从此，康熙开始亲政。

独断专行，蔑视少年天子

鳌拜，瓜尔佳氏满洲镶黄旗人，康熙初年的四大辅臣之一。其叔父一代是替努尔哈赤打江山的开国功臣，鳌拜本人也追随皇太极东征西战，立下了不朽功勋。

康熙即位时年仅八岁，依顺治遗诏，应由四位大臣来辅政。在四位大臣中，居于首位的索尼负责掌管请奏政事和批阅奏章等大事，但他年事已高，并无野心；居于第二位的苏克萨哈很有才能，与鳌拜是政敌；居于第三位的遏必隆为人处事圆滑，从不轻易表明立场；最后一位便是野心勃勃的鳌拜，他横行朝野，目无天子，常肆意打压朝中元老。

清朝入关后，先后组织了几次大规模的圈地运动，用掠夺来的土地赏封旗人。鳌拜借机大肆抢占土地，用荒地强换良田，侵吞了无数农民赖以活命的耕地。康熙曾派大学士苏纳海、直隶总督朱昌祚、巡抚王登联到蓟州、遵化等地展开调查。三人秉公处事，查清了鳌拜的罪行。鳌拜获悉，竟假传圣旨，处死了三位忠臣及其百余口家人。行刑当天，无数百姓哀哭不止，争相为其喊冤。朝廷上下也一片哗然，但大多数人都敢怒而不敢言。康熙虽震怒，无奈自己刚刚登基羽翼未丰，也只能强压心中怒火。

1667年，索尼去世后，十四岁的康熙正式亲政。当时，苏克萨哈意识到此后与鳌拜同朝共事必招杀身之祸，便向康熙请奏，要求辞掉辅臣职位，改去先帝陵寝守护。康熙不知其中原委，一再挽留，还命议政王去询问苏克萨哈请辞的原因。其实，苏克萨哈此举意在迫使鳌拜一同交权，归政康熙。但野心勃勃的鳌拜岂肯善罢甘休，他勾结朋党为苏克萨哈罗织了二十四条罪名并上奏康熙，想将苏克萨哈一门斩尽杀绝。康熙对二人之间的宿怨早有耳闻，所以起初并没有批准鳌拜的奏请。鳌拜见康熙不准奏，竟公然在朝堂上与皇帝强辩，且声色俱厉，坚持要求抄灭苏克萨哈全族。康熙既怒又惧，但

◀康熙帝智擒鳌拜
康熙帝智擒鳌拜，稳定了朝廷秩序，显示出皇帝的果敢与政治智慧。

1669年

> 〉〉〉康熙帝逮捕权臣鳌拜及其党羽，夺回朝政大权，从此开始亲政。

考虑到以自己当时的实力还无法与鳌拜抗衡，若继续僵持可能会引起朝政动荡，便只得违心地批准了鳌拜的奏章，只是在行刑方式上将对苏克萨哈的磔刑改为绞刑，聊表对功臣的关照。可怜一代忠臣苏克萨哈，最后竟遭遇灭族大祸！

韬光养晦，设计铲除鳌拜

除掉苏克萨哈后，鳌拜更为所欲为，不但处处干涉国务，而且常公然忤逆康熙的旨意，气焰十分嚣张。康熙清醒地认识到，如果再不除去鳌拜，定会养虎为患。机敏的少年皇帝审时度势，在祖母孝庄的支持和帮助下，收敛锋芒，表面上与鳌拜和平相处，暗中则发奋学习治世之道，等待机会一举铲除鳌拜。

由于鳌拜耳目亲信众多，不好下手，所以康熙决定智擒鳌拜。他精心挑选了一批年轻力壮的贵族子弟，每天与他们在花园里练习摔跤擒拿。鳌拜进宫时经常看到这些少年在御花园里吵闹戏耍，以为只是顽童胡闹，并没有把此事放在心上。

直到有一天，康熙传旨召鳌拜单独进宫议

▲（清）康熙"育德勤民"香木玺
康熙是中国历史上最伟大的君主之一。他即位之初，国家外有重患，内有沉疴，他励精图治，在执政期间，几乎重新将江山打理了一遍，"创业兼守成"。不过，康熙也有保守和狭隘的一面，比如说大兴文字狱等。

事。鳌拜像往常一样大摇大摆地进了内宫，刚穿过内宫宫门，就突然被那群少年团团围住。这些平时训练有素的少年将鳌拜死死按住。武将出身的鳌拜虽力大无比，但终究敌不过这一大群孔武有力的勇猛少年，瞬间就被彻底制伏。

康熙将鳌拜投入大牢，然后立刻着手查清其罪行。在鳌拜的处置问题上，康熙考虑得非常周全。虽然当时很多大臣都认为鳌拜罪大恶极，当杀，但康熙念及鳌拜早年屡获战功，免其死罪，只是没收籍贯，终身监禁。同时，康熙还为苏克萨哈平冤昭雪，恢复其爵位。他刚柔并济的果断处决，使朝臣心服口服，朝廷政局从此稳定下来。

铲除鳌拜的行动是一场斗智斗勇的夺权之战。少年天子康熙发挥自己的聪明才智，在对手麻痹大意时出其不意地先发制人，一举夺回皇权。从此，康熙亲政的道路顺畅了许多，那些原本飞扬跋扈、放肆骄横的大臣目睹了鳌拜的下场，不禁心中恐惧，纷纷收敛言行，再也不敢为所欲为。

◀（清）康熙款画珐琅凤纹盘
该器高2.2厘米，口径22.4厘米。铜胎，是十六瓣花式的凤纹盘，盘口折成平台式，白地绘蓝色卷草纹，矮立的盘壁，内绘各色草叶纹。外饰各色螭纹，盘心中央渲染红色图案花，八只祥凤满布黄地的盘面；盘背白地，中央书褐色"康熙御制"双圆框双行楷书款，周围放射出八片卷叶纹，用褐色勾叶形及叶脉，以黄、蓝色釉渲染。器形美观，釉料色阶变化多而光洁，是康熙年间珐琅技术发展成熟阶段的作品。

〉〉〉明末清初著名文学家、戏曲家李渔病逝。李渔，字笠鸿，号笠翁，世称李十郎，其传世作品有《奈何天》《比目鱼》《风筝误》等。

1680年

明珠是康熙朝的重臣之一，权倾朝野，名噪一时。他连任内阁大臣十三年，曾参与撤三藩、治黄河、收台湾、御外敌等重大事件，政绩卓著。但作为封建权臣，他也善于利用皇帝的倚重和信任，独揽朝政，贪赃受贿，卖官鬻爵，结党营私，党同伐异。在封建统治集团的内部斗争中，明珠一生经历荣辱兴衰，时起时落，最后落得被康熙罢相的下场。

公元1616年～公元1911年
//////////// 大清王朝 ////////////

明珠权倾朝野

没落之势。可以说，明珠完全是靠自己的双手开创了一片天地。他为人机敏能干，善揣人意，且通晓满、汉两种语言，这些优势使他很快在官场上崭露头角。

最初，明珠只是一名侍卫，后逐渐升为内务府郎中。1664年，他升至内务府总管，拥有了掌管宫廷事务的实权。1666年，他任内弘文院学士，开始参政。1674年，他调任吏部尚书，后又晋升为武英殿大学士，从此与索额图平起平坐，共理朝政。

明珠为官前期，颇有作为。鳌拜被铲除后，为消除其残余势力的影响，明珠提出了很多行之有效的建议。面对三藩势力的不断增长，明珠果断上书主张撤藩。后吴三桂发动叛乱，大学士索额图等人极力主张处死倡议撤藩的明珠等人，遭到康熙的断然否决。之后，明珠积极参与平定三藩之乱之事。三藩之乱被平定后，清朝进入经济的恢复和发展阶段，这期间，明珠充分发挥自己的政治才华，有效地巩固了清朝的统治。此外，明珠在清政府抗击沙俄、收回台湾、铲除噶尔丹、治理黄河等方面都作出了巨大贡献。尤其是在收复台湾时，文官出身的明珠曾只身潜入敌营，其精神和胆量都值得嘉奖。

聪明干练，治世能臣

明珠，叶赫那拉氏，字端范，是骑都尉尼雅哈的次子，隶属满洲正黄旗。作为清朝望族叶赫氏后裔，其家世背景非常显赫，但这并没有为他走上仕途带来多大帮助。康熙年间，叶赫氏族处于

◀（清）白玉婴戏圆屏
白玉润泽有瑕，屏形呈不规则的圆形，较为少见。屏上所刻婴儿手执菖蒲、莲蓬，前方悬崖亭阁，中景山势平缓，远方群山依稀可见，意境幽深，令人憧憬。

崇尚理学，名噪一时

康熙非常推崇理学，想用理学教化族人，也想以理学为工具，钳制社会上的思想。当时，康熙身

1681年

◎看世界／合成尿素出现　　　◎时间／1828年　　　◎关键词／维勒 有机化学

边聚集着熊赐履、汤斌、李光地等一批著名的理学大家。明珠虽为满洲贵族，却非常注重与这些理学名臣建立关系，而且时常当众表明自己"好书画，凡其居处，无不锦卷牙签，充满庭宇，时人有比邺架者，亦一时之盛也"。那时理学名臣分为很多个流派，不同流派之间相互攻击。明珠"则务谦和，轻财好施，以招徕新进，异己者以阴谋陷之"。

虽然明珠崇尚理学不过是打着文化的幌子结交党羽，但他在清初文化发展上也作出过不小的贡献。明珠在任期间曾以总纂官的身份参加修订《清太祖实录》和《清太宗实录》，并编纂了太祖、太宗、世祖《三朝圣训》，以及《政治典训》《平定三逆方略》《大清会典》《大清一统志》《明史》等书。其中《大清会典》总结集录了康熙以前的所有清代政治制度，是后世研究清代历史的重要资料，康熙之后的各代君主都曾下令续修完善《大清会典》。

贪渎结党，抑郁而终

如果明珠能一直恪尽职守、以国事为重，或许他与康熙间的君臣关系会成为一段历史佳话流芳百世。但封建家庭狭隘的荣誉感却使明珠在获得显赫地位以后，开始追名逐利，贪慕虚荣。明珠想在官场上为子孙后代铺就一条坦途，于是他开始拉帮结派，广植党羽。当然，促使明珠急于四处拉拢关系的直接动力来源于同朝为官的索额图。当时，索额图已经在朝中构建了错综复杂的庞大关系网，明珠深恐自己的地位受到威胁，也开始大肆结交权贵，拉拢关系。最后，朝廷中的文武百官

基本上划分为索额图派和明珠派两大派别。每当朝中商议军国大事时，无论是谁、无论这个人提出什么建议，都能立刻引来自己党派的群声附和。这是任何一个开明的君主都不愿意看到的局面，更何况是英明睿智的康熙。1688年，监察御史郭琇上书弹劾明珠，明珠随即被罢免相位。

在封建专制的统治下，明珠产生私心杂念是在所难免的。而且，明珠的思想发生根本性转变与康熙的有心纵容密切相关。当时索额图在朝中的势力日益强大，于是，康熙有意无意地放任明珠发展自己的势力，以制约索额图。但这种放纵不是无止境的，当统治者觉得这些帮派的势力开始威胁到自己的统治时，就会立刻着手整饬。于是，明珠成为这场帮派之争的第一个牺牲者。然而，康熙对明珠的处置还是手下留情的，不但未将其罪名公之于众，而且最后还授其为内大臣。相比之下，索额图的下场要凄惨得多。

1690年，裕亲王福全奉命率军前去平定噶尔丹叛乱，明珠和索额图等人负责随军参商军务。明珠因未追剿溃逃的噶尔丹残部而被连降四级。1696年和1697年，明珠在康熙两度御驾亲征噶尔丹的过程中，虽因督运粮草有功而官复原级，但再也没有受到过器重。1708年春，抑郁成疾的明珠在北京去世，康熙亲派三皇子胤祉前去吊唁。在官场上几经沉浮的明珠，总算得到一个不算太凄惨的结局。

◀（清）康熙铜胎花卉图案蒜头瓶

该器扁圆腹，长颈，瓶口鼓圆成六凸瓣，因而称之为"蒜头瓶"。黄地，以红、蓝、紫等多彩图案花卉饰之，色彩鲜丽。口缘一圈及圈足内壁、圈足底都为铜原面不施彩，其余部分全施以珐琅料。

◎看世界／合成有机尿素　　　◎时间／1828年　　　◎关键词／维勒

刚入主中原时，清朝力量有限，无法顾及南方沿海及边疆地区。于是，清政府将明朝降将中功劳较大的吴三桂、尚可喜、耿精忠封为藩王，将南方各省分封给他们做藩地。三位藩王在各自的封地内大权独揽，拥兵自重，势力不断膨胀，对清朝统治构成了威胁。后来，康熙下令撤藩，引起了波及十多个省的三藩之乱。十九岁的康熙临危不乱，运筹帷幄，平定了叛乱，消灭了地方割据势力，巩固了清政府在全国范围内的统治。

公元1616年~公元1911年
//////////// 大清王朝 ////////////
三藩之乱

▼（清）康熙画珐琅山水花卉杯盘

该盘铜胎，六瓣式折沿，斜壁平底，中央杯座周凸内凹。盘面白地，盘沿满饰转枝花叶，壁绘装饰花六组，盘心绘折枝莲、牡丹、桃及菊花等。杯座周围绘五蝠，内凹处饰蓝色卍寿图纹。盘外壁施浅紫釉，中央凹处书黑色"康熙御制"无框双行楷书款。

三藩割据，拥兵自重

清初，清政府由于初入关内兵力不足，便封前明将领吴三桂为平西王，尚可喜为平南王，耿精忠为靖南王，三王合称"三藩"。清政府想利用他们来镇守南方的大部分地区。起初，三位藩王为清朝的统一大业尽心竭力，他们坚持与南方的残明势力斗争了二十年，使其彻底瓦解。最后，藩王的军队成了清政府除八旗子弟兵以外的重要军事力量。

当时，清政府将八旗主力安置在北方重要的关口和城镇，而南方则交给藩王驻守。其中云南交由吴三桂，广东交由尚可喜，福建交由耿精忠。论实力，三藩中吴三桂居首位。他的藩兵分五十三个佐领，每个佐领有甲士两百，每个甲士有壮丁五名，所以，吴三桂统领的壮丁多达五万人。此外，他还培养了一万两千人的绿旗兵，再加上其他兵力，其兵力总计近十万。正因如此，吴三桂拥兵自重，非常狂妄。他还希望能世代称霸云南，所以还不停地扩充实力。而尚可喜和耿精忠的实力也不弱，他们各自统帅十五个佐领和

近七千名绿旗兵，而且，他们也想以藩地为基础建立大业。因此，三位藩王为了各自的利益大肆聚财，积蓄兵力。

藩王据地为王，俨然形成了三个独立的小国。三藩逐渐壮大的势力引起了清朝统治者的恐慌。而且，三藩每年在军粮兵饷上要支出两千余万两白银，这成为清朝的沉重负担。

历史上任何一位胸怀大志的统治者都不会对臣子分权泰然处之，康熙也是如此。康熙临政后，开始把削藩提到日程上来。

下诏撤藩，吴三桂反叛

1673年春，尚可喜想要返回辽东老家颐养天年，请求朝廷批准自己的儿子尚之信继续镇守广东。康熙意识到这是撤藩的最好时机，便欣然同意尚可喜回归故里的请求，但不准其子承袭藩王的爵位，还下令撤掉了靖南府。这个决定触动了吴三桂和耿精忠的神经。他们假意上书请求削

藩，以试探朝廷对藩王的态度。康熙阅过奏折后，马上与朝臣商讨撤藩事宜。那时，朝中很多大臣惧怕吴三桂，担心削藩会引起藩王逆反，便极力主张保留藩王制度。只有一小部分大臣无法容忍藩王对朝廷的威胁，支持撤藩。于是，朝中分为主张保留藩制和倡议撤藩的两个派别。康熙权衡再三，终于决定借机取消藩制，永绝后患。于是，他下旨撤藩，并派官吏前往云南、广州和福建处理藩王机构迁移等事务。

吴三桂等人原本只是为了试探皇帝的心意而假意请求撤藩，没料到康熙竟然应允。于是，不肯就范的吴三桂开始筹划叛乱。同年冬，吴三桂突然杀掉云南巡抚朱国治，然后以"天下都招讨兵马大元帅"自称，向清政府发出挑战。吴三桂为收买人心，开始蓄发，改换衣冠，并打着"反清复明"的旗号发动叛乱，但并没得到多少人的响应，因为他之前的叛明行为已是路人皆知的事了。但是，他公然反清的行为却掀起了民间反清的高潮。接下来，吴三桂带领人马一路势如破竹，从云、贵直接杀进湖南岳州，很快占据整个湖南。随后，吴三桂兵锋直指四川，四川提督郑蛟麟、巡抚罗森、总兵谭宏及吴之茂见吴三桂来势凶猛，不战自降。于是，

四川也被吴三桂纳入囊中。至此，云南、贵州、湖南、四川四省已经全部控制在吴三桂的手中。

但是，保守的吴三桂却在关键时刻犯下了一个致命错误：在军队接连获胜时，他却突然下令停止向江北扩张，转攻为守。他命令部下在湖南修建防御工事固守，然后分别派兵开往江西和陕西，意图与耿精忠和王辅臣会师后直取陕甘及闽浙地区。

分化敌人，削平藩乱

吴三桂的这一决定为康熙调派人马赢得了时间。康熙知道三藩之乱的发起者是吴三桂，便决定采取讨抚并用的分化策略。朝廷一边集中优势兵力镇压吴三桂，一边对其他叛乱藩王招安劝降，以此来离散藩王之间的关系，最终达到孤立吴三桂的目的。康熙委派顺承郡王勒尔锦统率大军进驻荆州、武昌等地，提防吴三桂继续北上，然后又派亲王岳乐从江西奔赴长沙，从侧面夹击吴三桂。

1676年，陕西的王辅臣和福建的耿精忠先后接受康熙的招抚。1677年，广东的尚之信也归顺朝廷。吴三桂被围困在湖南，孤立无援，败局已定。1678年，与清政府抗衡六年的吴三桂已处于明显的颓势。他不甘心就此认输，于当年春在衡州称帝，立国号为周，定元年为昭武，但这只是他给自己的一个安慰罢了。同年秋，苦闷失意的吴三桂病逝。之后，其孙吴世璠即位，改年号为洪化。1679年初，清军发起猛攻，相继拿下岳州、常德、长沙等地，吴军全线崩溃，湖南、四川、贵州、广西全部失陷。吴世璠退守昆明。1681年，昆明被清军攻破，吴世璠服毒自杀，其党羽被一网打尽。于是，这场延续八年、波及十余个省的"三藩之乱"被彻底平定了。

扫平了三藩的叛乱后，康熙把三藩残兵编入八旗，并加强对各地的监管力度，巩固了中央集权的专制统治。

▲（清）吴三桂斗鹌图

图中所绘为吴三桂观看斗鹌鹑的场景。画面上吴三桂居中端坐，周围有宦官、侍从和童仆侍奉。方桌上置一圆形围挡，两名宦官正在斗弄圈中的鹌鹑。

公元1616年～公元1911年

////////////大清王朝////////////

康熙三征噶尔丹

康熙年间，蒙古准噶尔部的势力逐步壮大。部落首领噶尔丹消灭政敌，四处扩张，肆意掠夺财物和人口。1690年，噶尔丹在沙俄政府的怂恿下，想自立为王。为保边境安定、国家统一，清政府从1690年至1697年间三征噶尔丹，最终平定了噶尔丹叛乱，粉碎了沙俄政府企图分裂我国北部边疆的阴谋。清政府统一了漠北，巩固了西北边境，维护了领土的完整。在平定叛乱的过程中，康熙帝御驾亲征，其卓越的军事才华得到了充分体现。

活跃在伊犁地区，过着游牧生活。噶尔丹夺取准噶尔部政权后，便开始四处征战，先后将漠西蒙古的一些小部落吞并，还发兵攻打漠北蒙古。漠北蒙古不能与之抗衡，被迫逃往漠南，要求清政府给予庇护。康熙责令噶尔丹归还漠北蒙古的土地。但噶尔丹恃才狂傲，再加上有沙俄政府的支持，不仅不退兵，还以追击漠北蒙古的名义进攻漠南。

面对气势汹汹的噶尔丹，康熙决定御驾亲征。1690年，清军兵分左、右两路攻打噶尔丹，由抚远大将军福全率领左路大军出古北口，由安北大将军常宁率领右路大军出喜峰口，康熙则坐镇后方亲自指挥。

常宁军队与噶尔丹部队交锋后大败。噶尔丹乘胜追击，一直打到乌兰布通（今内蒙古赤峰市克什克腾旗），而此地离北京只有七百多里。

在康熙的指挥下，常宁与福全会师，集中力量进行反击。噶尔丹将几万骑兵安置在地理位置优越的大红山下，前有河流拦截清军，后有树林做屏障。噶尔丹还命士兵将缚住四脚的上万只骆驼长长地排成一排，在驼背上放用湿毡毯裹住的箱子，摆成一个"驼城"，以其做掩护来抵抗清军的进攻。

在清军炮火的猛攻下，噶尔丹的"驼城"被撕开了一条缝隙。一部分清军全力向前冲击，一部分则秘密绕到背后，两面夹击，使叛军伤亡惨重，争先逃走。

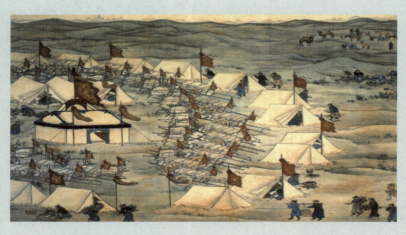

▲（清）北征督运图（局部）

图册据平定准噶尔叛乱西路大军军粮督运官范承烈的经历画成，由多幅画面缀成。

噶尔丹叛乱，康熙御驾亲征

沙俄与清政府签订《尼布楚条约》后仅一年，就背信弃义，怂恿准噶尔部首领噶尔丹攻打漠北蒙古。

当时，蒙古有三个部落，分别是漠南蒙古、漠北蒙古和漠西蒙古。准噶尔部属于漠西蒙古，

1686年

〉〉〉康熙帝御书"学达性天"牌匾赐予岳麓书院、白鹿洞书院等。

情急之下，噶尔丹想用缓兵之计，他派一名喇嘛前去和清军谈判。福全不知是计，停止进攻，请示康熙如何处理。康熙识破噶尔丹的意图，命福全快速进攻，以免噶尔丹逃脱。可惜，趁福全请示的空隙，狡猾的噶尔丹已经带着残兵逃往漠北。

逃回漠北的噶尔丹心有不甘，表面上向清政府求和，但私下里仍旧积极准备东山再起。

1693年，康熙约噶尔丹订立盟约。噶尔丹不但不赴约，还煽动漠南蒙古人背离清政府，并宣称有沙俄政府的大力支持，自己将出兵攻打清政府。但是，噶尔丹的煽动并没有产生作用，内蒙古各部亲王向康熙揭发了此事。

二次亲征，兵分三路

1696年，康熙兵分三路再次讨伐噶尔丹：东路由黑龙江将军萨布素带领；西路大军负责切断噶尔丹的后路，由抚远大将军费扬古带领陕西、甘肃的军队执行任务；从独石口出发的中路大军由康熙亲自统领。三路大军对噶尔丹形成包围之势。

中路军率先到达，遭遇噶尔丹的先头部队。当时盛传沙俄将发兵与噶尔丹一起攻击清政府，导

◀康熙帝观书像

康熙皇帝自幼便广泛学习汉文化，饱读诗书，遍览典籍，但同时为了加强思想专制，他也屡兴文字狱，钳制了思想文化的发展。

致清军人心惶惶，甚至有人主张撤军。康熙对此非常愤怒："连叛党的影子都没看见就撤退，有何颜面面对百姓！如中路军不能牵制叛党，不是让西路军处于孤立危险的境地吗？"

康熙率领中路大军继续前进，并派人将自己亲自来督战的消息告诉了噶尔丹。噶尔丹看见康熙的旗帜高扬，清军士兵精神饱满，心生惧意，连忙逃跑了。

康熙率军在后面紧紧追赶，另派人通知西路军的大将军费扬古准备半路截击噶尔丹。

在清军的追击下，噶尔丹溃退五天五夜，一直退到昭莫多（在今蒙古国乌兰巴托东南）。费扬古的西路大军正在此等候截杀噶尔丹。昭莫多一直都是漠北的重要战场，那里丛林繁茂，旁边还有一片

▶（清）"威远将军"炮

该炮造于康熙二十九年（1690），是一种大口径、短身管的火炮，用四轮木制炮车承载。该炮在康熙帝平定噶尔丹叛乱和清军多次对敌作战中发挥了不可替代的作用。

空地。费扬古在康熙的授意下，先在小山下的树林里设下伏兵，然后派四百名士兵前去诱敌。这四百名士兵且战且退，将噶尔丹引进埋伏圈。随后，清军先发制人，迅速占领高地，居高临下地向叛军发动猛烈的攻击。此时，另一支清军绕到噶尔丹军队的后面，袭击他的车马粮草。最终、无力抵抗的噶尔丹带着几十名骑兵狼狈逃走。

两次与清政府作战，噶尔丹都落荒而逃。尽管康熙勒令噶尔丹放弃抵抗，但是噶尔丹还在做最后的挣扎。

彻底平叛，重控漠北蒙古

在清军的打击下，噶尔丹大部分军队被消灭，势力大减。他也因穷兵黩武而激起群愤，陷入困境之中。他的驻地伊犁河流域有劲敌策妄阿拉布坦。他想投奔伏尔加河流域的土尔扈特汗国，但土尔扈特汗阿玉奇已与策妄阿拉布坦结成同盟，而他自己的"回部、青海、哈萨克皆隔绝叛去"。

无奈，噶尔丹把最后的希望放在了西藏，想借上层僧俗的力量东山再起。不过，这个计划被清军抓获的俘虏透露给了清政府。康熙立刻派遣使者前去西藏，与在西藏掌有大权的第巴桑结嘉措密谈。结果，西藏并不欢迎噶尔丹。

至此，噶尔丹已经没有了退路。

1697年，康熙第三次出兵征讨噶尔丹。当时，噶尔丹的大本营伊犁已经被策妄阿拉布坦控制。对于清军的到来，策妄阿拉布坦的手下欢欣鼓舞，不仅投降清军还亲自为清军带路。噶尔丹无路可退，暴病而亡。

噶尔丹死后，清政府再次控制了位于阿尔泰山东部的漠北蒙古。康熙封赏当地的蒙古贵族，并在乌里雅苏台设立将军，对漠北蒙古进行有效的管辖。

▲康熙帝大阅盔甲

这种大阅甲并不是在战场上使用的盔甲，而是一种礼仪盔甲，因此并不主要以金属制甲。此盔甲周身绣满金线，饰以金帽钉，十分华贵。

1689年

康熙虽然开启了"康乾盛世"，但晚年体弱多病，加上废立太子之事伤其身心，他开始怠于政务，实行所谓的"宽仁政策"。这使得贪污盛行，吏治腐败，财政亏空。雍正即位后开始大力整顿吏制，逐步实施了许多改革措施，使社会状况大有改善。乾隆就是以此为基础，才使"康乾盛世"达到繁盛的最高点。雍正是中国历史上颇具争议的皇帝之一，他性格冷酷严峻，手段强硬，亲手杀害了许多功臣名将。但这些与他的历史功绩相比，皆瑕不掩瑜。

公元1616年~公元1911年
大清王朝
雍正整顿吏制

国库空虚，清查亏空

康熙在位期间虽然使国家欣欣向荣，但也遗留了不少问题，主要表现在：官场黑暗，税收不足，国家钱粮亏空严重。雍正即位之初，国库库存严重入不敷出。国库亏空与官吏作风密切相关，而官吏作风势必影响封建统治，此事非同小可。雍正对此有清醒的认识，于是，他将钱粮亏空作为头等大事来抓。1722年冬，康熙刚刚去世一个月，雍正就开始彻查钱粮亏空案。

官吏勾结、相互包庇历来是官场的一大恶疾。新官上任总会先处理前任留下的烂摊子，

然后自己再亏空，让继任者去处理。为避免此类事情的发生，雍正选取了一些官员作为候补州县，随同钦差大臣一起到各省彻查亏空。每查出一件案子，贪污的官吏会被撤职，然后调查团里的一名同级官员就会被安排上任。这样一来，新上任的官员便不再包庇上一任官员，因为他的身份就是查账者，不会将一个烂摊子留给自己。贪官污吏们并不愿坐以待毙，他们纷纷向富庶的商户借钱粮填补亏空。不过，魔高一尺，道高一丈，雍正严厉警告商户，不准借钱粮给官府，如果违抗，这些钱粮就会被没收。如此一来，无人再肯借钱粮给官府，贪官污吏的后路被切断，钱粮亏空案件的查处得以有效地进行。

1723年初，雍正设立会考府，并将其作为一个独立的核查审计机关，目的是稽核清政府各部院钱粮的奏销。雍正对钱粮奏销中出现的问题了如指掌，其中的主要弊端有：

第一，户部对各省上缴的税银和报销开支收取所谓的"部费"，即好处费。如果谁不缴纳，即使是有凭有据的清白开支，也得不到户部的奏销。更过分的是，户

◀雍正帝朝服像

清世宗爱新觉罗·胤禛，康熙帝第四子，经过与诸兄弟激烈的竞争后取得皇位，以统治手段严苛而闻名。

〉〉〉厄鲁特蒙古准噶尔部首领噶尔丹率军进扰内蒙古，康熙御驾亲征，在乌兰布通大败噶尔丹。

1690年

部甚至会因为没有好处费而拒收税银。而户部如果得到了好处费，即使亏空钱粮高达上百万两，户部也会私自把账目一笔抹掉。

第二，政府的部院支出无人监管，致使他们可以肆意妄为。

会考府设立后，无论是各省上缴税银、政府部院使用钱粮，还是需要报销开支，通通都要由会考府经手核查，这样，地方和户部都无法再贪污了。

如此一来，贪官污吏失去了上级的祖护，也无法借钱粮应付检查，连用一些好处费把坏账勾销的路也被堵死了，他们开始做最后的挣扎。为减轻责任，他们将自己的贪污行为说成是挪用，企图减轻罪责。

一般而言，各朝政府都是从重下手，先办贪污，后办挪用。雍正对贪官污吏如何投机取巧洞若观火，于是反治其身，从挪用查起，然后才是贪污。不管是挪用还是贪污的钱粮，都责令如数追回，毫不姑息。而且要求严格分清贪污和挪用，将钱粮账本彻底查清楚，绝不将二者混为一谈。至此，贪官污吏们终于无路可退。

整顿吏制，严惩贪官

钱粮亏空案彻查完毕后，雍正开始整顿官制，严厉打击贪污贿赂之人，罢其官，抄其家，命其将所亏钱粮如数返还。如果仅仅是罢官，那么下任官员就会变本加厉地剥削百姓以弥补上任的亏空，治标不治本。雍正认识到了这一点，他所希望的不仅是国家富强，百姓也要能安居乐业，所以他下令罢官之后就开始追讨，而且绝不宽恕任何人，包括皇亲国戚。履郡王是雍正的十二

◀（清）雍正画珐琅蟠龙瓶

珐琅器主要有两种，一是源自波斯的铜胎掐丝珐琅，约在蒙元时期传至中国，明代开始大量烧制，并于景泰年间达到了一个高峰，后世称其为"景泰蓝"。此后，景泰蓝就成了铜胎掐丝珐琅器的代称。另一种是来自欧洲的画珐琅工艺，它在清康熙年间始传入中国。图中此瓶瓷质细润，彩料凝重，色泽鲜艳靓丽，画工精致。

弟，他在主管内务府时亏空甚多，为如数返还亏空，连他都不得不变卖家中器物。

雍正下令禁止任何人为亏空者出资垫钱或者为其赔偿。1723年，在通政司钱以垲的提议下，雍正采取了更为严厉的措施，即一旦查出亏空的官员，立即派人搜查他们的办公之地，还将他们的家产贴上封条，并且把变卖的财物追回来，防止他们转移、隐匿财产。钦差大臣查清楚这些官员的罪行后，不但会将他们的家产抄得一干二净，还会株连到他们的亲戚，甚至子弟。这些查抄的力度之深，范围之大，前所未有，雍正因此有了"抄家皇帝"的称号。面对严厉的打击，有些官员想以死来逃避自己的罪责，为子孙保留一些家产。雍正认为，这些官员十恶不赦，死并不能抵罪，怜若父亲死了，儿子还债，亏空的钱粮必须追回。

历史证明，雍正的这些措施确实行之有效，给贪污贿赂成风的官场以致命的打击。五年之后，国库存银由八百万两激增到五千万两，因此有学者评价说"雍正一朝，无官不清"，这是对雍正的最大肯定。雍正继承皇位是国家之幸。康熙末年官场风气败坏、贪污贿赂盛行的局面得到改善，雍正统治时期吏治清明，国库充盈，为乾隆鼎盛局面的出现奠定了良好的基础。

〉〉〉重修的山东曲阜孔庙落成，康熙帝派皇子胤祉、胤禛前往致祭，并称颂孔子"为往圣继绝学，为万世正人心"。

年羹尧是雍正倚重的边陲大将。在清政府的边防上，他屡建奇功，成为西北边境的一道关口，威武之势无人可敌。起初，雍正对他非常宠信。然而，劳苦功高的年羹尧却恃功傲物，逐渐自大起来。他专横跋扈，排斥异己，转眼间弹劾他的奏章便堆积如山了。最终，雍正撤去了年羹尧的所有官职，并列出他的九十二条罪状，赐他自尽。1726年，名震朝野、叱咤边陲的年羹尧身败名裂，家破人亡而告终。

公元1616年～公元1911年
////////////大清王朝////////////
年羹尧恃功狂傲

▲（清）雍正款画珐琅花蝶盘

盘面黄色地，中央绘一对凤蝶，余均满饰牡丹及杂花，部分蝶与花叶纹饰重叠，这种纹饰也称为穿花蝶或喜相逢。盘壁背面为浅蓝地绘转枝花卉。盘底白地隐现冰裂的釉层，书红色"雍正年制"双方框双行宋体字款。

两朝重臣，享誉朝野

年羹尧，字亮工，号双峰，原是安徽怀远人，后成为汉军镶黄旗人。其家庭背景显赫，父亲、兄长曾是工部侍郎，妹妹嫁给了雍正，后成为贵妃，年羹尧自己娶宗室辅国公苏燕的女儿为妻。年家不仅是官宦之家，还是皇帝的近臣，地位尊崇，非同一般。

年羹尧从小接受了良好的教育，颇有才识，年纪轻轻就担任翰林院检讨、内阁学士。1709年，年羹尧被擢升为四川巡抚，总揽这一地区的军政大权。他把自己的际遇归于康熙的赏识，自然对康熙心怀感激。在四川，年羹尧克己奉公，破旧立新，并且带头做出表率，不贪污不徇私，以报答康熙的知遇之恩。

虽为文人出身，但为年羹尧赢得声望的是他的战功。1719年，准噶尔部首领策妄阿拉布坦入侵西藏，年羹尧率兵抗击，不仅使清军后勤补给充足，还取得了战争的胜利。之后，年羹尧出任四川总督。1721年，年羹尧升任川陕总督，成为西部边境的大员。同年，青海发生武装叛变，年羹尧在正面军事打击的基础上，对当地土司间的对立情绪加以利用，采取"以番攻番"的策略，干脆利落地镇压了这场动乱。雍正登基后，年羹尧更受器重，与隆科多一起成为雍正的心腹。其实早在雍正即位之前，年羹尧已为他效劳多年，二人关系甚密。康熙末年，西部军务由年羹尧与延信共管。1723年，雍正下诏告知群臣："若有调遣军兵、动用粮饷之处，著边防办饷大臣及川陕、云南督抚提镇等，俱照年羹尧办理。"也就是说，雍正将西部边境的一切事宜都交给年羹尧打理。年羹尧成为雍正在这个地区的代理人，他的地位远超延信和其他总督。同年，青海罗卜藏丹津发生武装暴乱，年羹尧迅速将其平息，战功远播，朝野内外一片颂扬之声。雍正喜出望外，对其加官晋爵。此后，年羹尧不仅坐镇西北，还主持云南政务，风头无人能及。

宠信优渥，千载一时

年羹尧不仅一人独裁西部军政事务，还积极参与朝政，诸如官员的评定、国家的治理、官场的整顿，他都可随时向皇帝提出建议，并参与讨

论决策。

撒开君臣关系，雍正与年羹尧私交甚密，是雍正给了年羹尧至高无上的荣耀。雍正甚至说如果自己有十个像年羹尧这样的官员，国家治理起来就容易多了。因为年羹尧迅速镇压了青海叛乱，龙心大悦的雍正甚至抛弃了君臣纲常，把年羹尧当作恩人，还特意叮咛子孙，不能忘记年羹尧的所有战功。年羹尧和他的家人也受到雍正的关怀，雍正不仅嘘寒问暖，还遣医送药。因为年羹尧在京外为官，不能时时与家人团聚，雍正就写信告诉他家里的情况。至于珍珠古玩、美味佳肴的赏赐更是如同家常便饭一般。

居功擅权，家破人亡

而年羹尧对于自己所得到的一切，由开始的诚惶诚恐，到不以为然，进而得意自满，认为皇帝的宠爱和众人的奉承是理所当然的事情。于是，他行事偏激，不守法律，以功托大，作威作福，随意打击官员，逐渐引起众人的不满。在用人上，他不问才能，拉拢私党，极为专制，并在军队和朝中组建起强大的年氏势力。更甚者，他在皇帝面前竟然也忘乎所以，无视皇权，并妄想自己当皇帝。雍正终于有所发觉，并逐渐心生不满。

1725年春，"日月合璧，五星联珠"，全国上下都认为这是祥瑞的征兆，纷纷向雍正表示祝贺。年羹尧也不例外，但年羹尧不仅把字写得十分潦草，还粗心地把"朝乾夕惕"写成了"夕惕朝乾"。雍正抓住这个机会小题大做，斥责他是有意而为，接着便以"怠玩昏聩"为由，将他降职为杭州将军。后来，雍正又免去了年羹尧的所有官职和爵位，把他逮回京城。雍正给年羹尧定了九十二条罪，赐他自尽就这样，名震朝野的大将军名誉扫地，惨淡收场。

▲（清）《雍正观花行乐图》

图为雍正君臣赏花游乐的情景，因无题识记载，画中大臣等人物不知具体姓名，想必是雍正宠信的王公大臣。雍正在任用和选拔官吏上有自己的一套标准，能受他信任重用的官员一般都恪尽职守而又谨慎谦恭。

1695年

〉〉〉山西临汾发生8级地震，"屋宇尽皆倾毁，人口多被伤毙，受灾甚重"。

经过康熙中叶以后数十年的发展，加上雍正朝对吏治的大力整饬，到乾隆时期，清朝的统治趋于稳定，社会矛盾有所缓和，社会经济也得到了较大发展。乾隆继承基业，宽严相济，励精图治，勤政求实。他在位期间，农业发展，国家昌盛，边境安宁，百姓安居乐业。乾隆的统治时间长达六十年，这时期是中国封建政治、经济、文化诸方面经过漫长沉淀之后的集大成时代。他在位期间创造了中国封建历史上最后一个太平盛世。

公元1616年～公元1911年
大清王朝
文治武功乾隆帝

宽严相济，国力强盛

乾隆，名爱新觉罗·弘历，是雍正的第四个儿子。他于1711年出生在雍亲王府。1735年，乾隆即位，成为清朝入关后的第四位皇帝。1795年，乾隆禅位给皇太子，自称太上皇。1799年，乾隆去世，庙号高宗。乾隆享年八十八岁，是我国古代帝王中寿命最长的皇帝。

相对而言，康熙治理国家比较宽厚，雍正则比较严厉。乾隆即位后，将两者结合起来，大行宽严相济的政策。在政治方面，乾隆整饬官场，整合法令规范，优抚读书人，慰藉在雍正时期受迫害的皇族。在经济方面，乾隆鼓励开垦荒地，治理水患，使社会欣欣向荣。在军事方面，乾隆多次发兵征讨边境局部叛乱，保证了国家领土的完整和边境的安宁。1757年，归顺清朝的准噶尔贵族阿睦尔撒纳发动叛乱，乾隆出兵讨伐，最终镇压了叛乱。身为准噶尔人质的大小和卓兄弟波罗尼都和霍集占逃回南疆，开始和清朝对抗。1758年，清政府出兵镇压大小和卓的叛乱，得到了当地受压迫的维吾尔族人民的大力支持。最后，清政府消灭了大小和卓这股叛乱势力。为保证

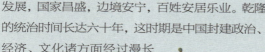

◀乾隆帝像
爱新觉罗·弘历，即乾隆帝，在位六十年。这段时期是中国封建政治、经济、文化诸方面经过漫长沉淀之后的集大成时代。而乾隆末年，也是清朝由盛转衰的过渡时期。

少年读全景中华上下五千年·6·明清王朝

大清王朝·末代封建王朝的兴衰史

◀《四库全书》书影

《四库全书》于清乾隆时编纂，是中国古代最大的一部官修书和丛书，分经、史、子、集四部，收书三千多种，七万九千三百多卷，分装为三万六千余册，约八亿字。

对天山南北进行有效管辖，1762年，乾隆在新疆设置伊犁将军，保障了西北和西南边境的稳定。乾隆在位的前、中期是他政治生命中最辉煌的时期，后人对此也有高度评价。此时的清朝国家强盛，百姓富庶，政治、经济、文化都发展到了封建社会的顶峰。

乾隆统治后期，喜欢阿谀逢迎之徒，重用于敏中、和珅等贪官。到了晚年，乾隆愈发好大喜功，骄傲奢侈，唯我独尊，已经丧失政治活力。这时的清朝政治黑暗，官场腐败，百姓困苦，阶级矛盾逐渐突出，这也成为乾隆政治生涯上的污点。

儒雅风流，重视文治

乾隆不仅在军事上有过人的才华，在文治方面亦有突出之处。他开博学鸿词科，笼络知识分子；设置四库全书馆，编辑撰述《续三通》《皇朝三通》等书籍；命人将内府典藏的文物书籍梳理出来，编成《石渠宝笈》《西清古鉴》……但另一方面，乾隆大搞文字狱，不仅把一些书籍列为禁书，还大肆迫害知识分子。一些珍贵的书籍被付之一炬，让人十分痛心。

乾隆风流倜傥，温文儒雅。他生性聪明，又十分刻苦，对书画、诗文、武术都很有研究，并且取得了一定成绩，可以称得上是一位书法家、诗人。乾隆喜欢作诗，留下四万两千余首作品，数量几乎可以与《全唐诗》相比。乾隆不仅精通汉文，对新、旧满文也十分了解。此外，乾隆对书法有很深的兴趣，而且颇有造诣。乾隆算得上帝王中最爱留墨迹的皇帝，皇宫内外、大江南北、园林庭院、名山寺庙，到处都有他的墨宝。

乾隆一生六次南巡，多次在避暑山庄宴请少数民族的首领，这些措施稳定了清朝在中原的统治，促进了经济的发展，安抚了边境民心。但乾隆仅把目光放在了国内，至于西方各国发生了怎样天翻地覆的变化，他并不关心。

1795年，乾隆举行禅位大典，颙琰即位。乾隆在位六十年，比在位时间最长的康熙仅少一年，但他的寿命是我国古代帝王中最长的。

乾隆承袭祖上的功绩，扩张了中国的领土，并对其进行了有效的管辖，为我国现有的版图奠定了基础。乾隆时的中国疆域东临大海，西到葱岭，南包括曾母暗沙，北跨外兴安岭，西北到巴尔喀什湖，东北到库页岛，中国出现民族大融合的盛况。

◀（清）乾隆窑珐琅彩云龙冠架

◎看世界／《茶花女》问世 　　　◎时间／1848年 　　　◎关键词／法国作家小仲马

文字狱现象古已有之，历朝历代屡见不鲜，且愈演愈烈，到清朝时发展到了顶峰。从本质上说，文字狱是统治者利用特权排除异己思想的一种专制制度。清朝处于中国封建社会的末期，专制制度空前加强，大肆兴起的文字狱便是统治者意图获得思想意识和文化领域中的控制权的手段。与之前的其他朝代相比，清朝文字狱不仅数量多，而且规模大。严酷的文字狱极大地束缚了人们的思想，也严重地阻碍了社会的进步。

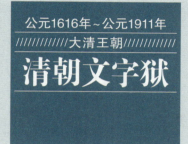

公元1616年～公元1911年
//////////大清王朝//////////
清朝文字狱

历史上，这类案件比比皆是，但从规模、影响面以及残酷性上来说，清朝尤甚。"文字狱"这个词语就出自这个时代。

清军入关后，政权统治逐步平稳，出于统治的需要，统治者对思想意识和文化领域的监控有所加强，大规模的文字狱随之出现。

明朝被李自成推翻，而清军打败李自成并成功入主中原。但中原人对清朝的抵抗意识十分强烈，于是出现了各种反清的言论和著述，这些思想传播广泛。对新生的政权来说，这是一个极大的威胁，如不镇压，统治者寝食难安。基于这个历史因素，文字狱伴随清朝始终，以清朝前期最为严重。清朝的文字狱从顺治时期开始萌芽，康熙时期逐步成长，在雍正、乾隆年间达到顶峰，其规模越来越大，也越来越惨烈。文字狱对中国传统文化造成了巨大的破坏。

禁锢思想，制造惨剧

古有焚书坑儒，近有清朝惨烈的文字狱，中国文化经历了一次又一次的灾难。文字狱是一出人间惨剧，统治阶级这样做是为了束缚人们的思想，以巩固自己的统治，但这样的做法给社会造成了极大的负面影响。

文字狱，从字面上看，是因为文字而发生的案件。在专制的封建社会里，统治者为了巩固自己的政权，往往采取排除异己、控制文化等措施，因此以"疑似影响之词"为理由，大兴文字狱，草菅人命。

▼（清）乾隆鹿角笔山
乾隆十六年（1795），清高宗到木兰围场行猎，无意中得到鹿角。鹿角的歧瓣朵状转摆如峰峦起伏，恰可横卧为笔山，用来架笔。

◀（清）七世达赖喇嘛金印

这枚金印又称"法玺"，是清廷赐给七世达赖喇嘛格桑嘉措的，表示清朝对达赖喇嘛权力的确认。

愈演愈烈的文字狱

顺治一朝文字狱与前朝各代相比，在数量上有所增加，且案由也十分牵强，如在毛重倬案件中，毛重倬仅仅因为漏掉顺治年号就被污蔑成"目无大清"而惨遭迫害。但从整个清朝来看，顺治时期的文字狱仅处于萌芽状态，对犯人的惩罚相对比较轻，比如在清朝第一起文字狱函可案中，最后函可只是被充军到流放，他依然可以吟诗著书。

相对而言，康熙比较理智，他并没有费尽心思罗列证据，甚至有些案件最后不了了之。但康熙的指向性非常清晰，他把矛头直接指向中原的大知识分子。如戴名世等大儒都被牵涉其中，连顾炎武也没能幸免。大批知识分子因受到文字狱的打击而被流放到不毛之地，正所谓"中原名士多塞北，江南胭脂半辽东"。

雍正在位仅十三年，但这一时期有案底记录的文字狱多达近二十起。这些案件规模大，打击面广，常常卷入上百人，如查嗣庭案、曾静案。顺治、康熙年间的文字狱大多能够适可而止，但雍正时期的文字狱几乎达到一种失控状态，案件层层深入，受牵连的人越来越多。以查嗣庭案为例，最开始对犯人的处罚只是充军，后来在查抄的日记中发现颇有怨言，于是不断查下去，最后导致整个海宁鸡犬不宁，人心惶惶。

欲加之罪，何患无辞

乾隆在位六十年，之后又做了三年的太上皇，这一期间，社会表面上看似昌盛，实则暗流涌动。乾隆在位期间发生的文字狱多达一百三十余件，比之前历史上的文字狱总数还要多，而且乾隆时期的科举考试乌烟瘴气，民间藏书均被付之一炬，文化恐怖政策达到顶峰。

沈德潜是江南人，著名词人，1739年中进士，官至内阁学士兼礼部侍郎，受到乾隆的宠信。他去世后，因文字狱而被挖坟鞭尸，且株连

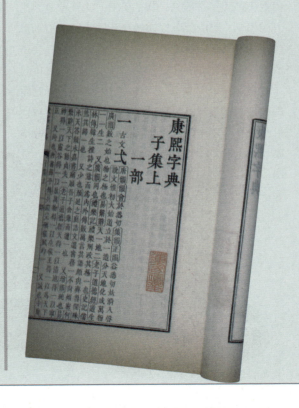

▶《康熙字典》书影

《康熙字典》是张玉书、陈廷敬等清代学者奉康熙帝圣旨编撰的一部汉字辞书，编撰工作始于康熙四十九年（1710），终于康熙五十五年（1716），历时六年。

九族，但这仅仅是因为他在诗集中收录了他替乾隆做的诗和一些不着边际的"反诗"。因一句"一把心肠论浊清"，作者翰林胡中藻遭牢狱之灾。徐述夔作诗云"且把壶儿搁半边"，被牵强地解释为借"壶"指"胡"（满族），所以遭到迫害。类似事例在乾隆一朝比比皆是。

王锡侯的字贯案更令人瞠目结舌。王锡侯对康熙年间编撰的汉字辞书《康熙字典》很有兴趣，经过研读，他觉得字典并不完美，便以《康熙字典》为蓝本，呕心沥血十七年完成了《字贯》，弥补了《康熙字典》的缺陷。乾隆知道后，竟然杀死王锡侯，还将《字贯》列禁焚毁。

乾隆把文字狱发展到无以复加的地步，致使当时的知识分子都如履薄冰，不知什么时候会惹案上身。他们害怕吟诗，不再著书，即使写些东西也心口不一，不敢表达自己的观点。后果就是人人三缄其口，文章不知所云。御史曹一士对此情况有形象的描述："比年以来，小人……往往挟持睚眦之怨，借影响之词，攻讦诗书，指摘文字。有习见事生风，多方穷鞫，或至波累师生、牵连亲故，破家亡命。"

乾隆把文字狱发展到顶峰，使得人人自危。这固

▲御制铜鎏金掐丝珐琅海晏河清烛台

清乾隆时宫中御用烛台。此烛台分三部分：灯盘、灯柱、灯钎。灯盘似一个盘子，盘下有三只脚。灯柱做成一只展翅欲飞的鸟形，鸟的口中含有一颗珠子。鸟头顶上的盘子中间有一根蜡钎，似火炬状。盘和鸟身通体用金属扁丝扭转，弯曲和旋转成栾宝花纹，十分富丽堂皇。

然和乾隆的性格有一定的关系，但其根本原因在于封建统治者千方百计愚化人民思想以加强统治。有压迫就有反抗，即使星星之火，也能成燎原之势。于是，嘉庆年间，川陕地区爆发川楚白莲教起义；咸丰同治年间，太平天国运动轰轰烈烈地展开。

文字狱这朵罪恶之花最终结出黑暗的果子。从嘉庆皇帝开始，清帝王的结局都很凄凉，即使他们有励精图治之心，但面对如此恶劣的社会局势，也无回天之力。而社会之所以发展到这一地步，与文字狱不无关系。

在西方，经过文艺复兴、启蒙运动以及工业革命等事件，到了18世纪，许多国家都已开始实行资本主义制度，社会得到全方面的发展。而清政府夜郎自大，奉行闭关锁国的政策，拒绝接受新事物。他们还野蛮地在文化领域实行高压措施，以文字狱为工具，排除异己，钳制思想，统一百姓言论，使中国逐渐失去了在世界上的优势。

所以，在侵略者的铁蹄下，清政府不堪一击，最终落入了半殖民地半封建社会的深渊。

刘墉学富五车，才高八斗，曾任吏部尚书、直隶总督、体仁阁大学士等职。他历经乾隆、嘉庆两朝，一生为人正直，为官清廉，奉公守法，深得皇帝信任，深受百姓爱戴。他还是位书法大家，是帖学之集大成者，位列"清代四大书法家"之一。他的书法不随于流俗，不受制于框架，自有一股超然的味道，其字貌丰骨劲，味厚神藏，名冠一时。他也因此被誉为"浓墨宰相"。

公元1616年~公元1911年

/////////// 大清王朝 ///////////

浓墨宰相刘墉

出身世家，为官清正

刘墉，字崇如，号石庵，山东诸城人。刘墉出身官宦世家，曾祖父刘必显是顺治年间的进士，官至户部广西司员外郎；祖父刘棨官至四川布政使，为官清廉正直；父亲刘统勋励为东阁大学士，身兼军机大臣等职，乾隆评价他"遇事既神敏，秉性复刚劲，得古大臣风，终身不失正"。刘墉自幼接受正统的儒家教育，从小就被灌以科举出仕之类的观点。

1751年，刘墉中进士，后成为翰林院庶吉士。1756年，刘墉离京，开始做地方官。在此后二十余年的时间里，他做过学政、知府，甚至是独当一面的督抚大员。为官期间，刘墉继承了父亲刚正实干、执法严格的办事特点，竭力整顿科场上的黑暗和官场上的腐败，一时有"阎罗包老"之称，为百姓做了不少实事。另一方面，他也全力以赴地

执行乾隆的旨意，搜查反书，兴文字狱，捕捉会党，推行文化高压政策。总体而言，在任地方官期间，刘墉基本能做到为官一任，造福一方，这集中体现在他的克己奉公、勤政爱民和刚直敢言上。

回京上任，处事圆滑

1782年，刘墉被调回京，这时他已年过花甲。而此时的京城是比他年轻三十岁的和珅的天下。

和珅因善于揣测帝意而深受乾隆的宠信，他在朝政上翻手云覆手雨，刘墉只好谨慎自守，在夹缝中生存。史料记载，刘墉做吏部尚书时，乾隆询问他对人事变动的意见，刘墉一律以"尚可"答

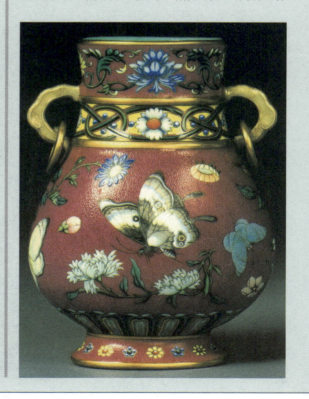

▶（清）乾隆粉彩花蝶活环壶
该器高13.4厘米，深11.8厘米，口径6.2厘米，口宽4.9厘米，足径6.5厘米，足宽5.1厘米。造型源自青铜壶，双耳附带活环，胎薄而圆正，双耳、环及缘口饰金彩，内壁及底涂湖绿釉，器底中以青花书"大清乾隆年制"篆书。

▶（清）刘墉书法作品

刘墉是位善学前贤而又有创造性的书法家，其书法特点是用墨厚重，体丰骨劲，浑厚敦实，别具面目。后人称赞他的小楷，不仅有钟繇、王羲之、颜真卿和苏轼的法度，还深得魏晋小楷的风致。

复。乾隆心生不满，斥责他"平日于铨政用人全未留心，率以模棱之词塞责，不胜纶扉"，就是说刘墉平日里根本就没有留意人事的变动，现在以含糊的话来敷衍，完全不称职。从中不难明白，刘墉当了京官后，基本上只是一味附和，少有建树。

但在大事上，刘墉依然有刚直的秉性，而并不总是含糊其辞。1795年，乾隆禅位于嘉庆。据记载，禅位大典上发生了争大宝的事件。当仪式进行到嘉庆接受百官朝贺时，太上皇乾隆拒交玉玺。关键时刻，刘墉挺身而出，先是暂停仪式，然后向乾隆索取大宝，"半日力争，卒得大宝而出，始行贺礼"。

辅佐新君，处理和珅

乾隆去世后，担任体仁阁大学士的刘墉在对待和珅的问题上很积极，并在其中扮演了重要的角色。乾隆去世后的第二天，嘉庆就削去和珅军机大臣、九门提督等职务，而刘墉重新担任上书房总师傅的职位，并入内当值，这样就可以随时为皇帝出谋划策。当大量揭发和珅罪行的奏章呈到嘉庆面前后，朝中要求凌迟处死和珅的呼声高涨。但是刘墉认为，和珅是乾隆一朝的重臣，应该保全先帝的颜面，最好让和珅自缢，以保留全尸。

为避免有人在和珅一案中浑水摸鱼，实施报复，使案件发展到不可控制的地步，刘墉等人又建议嘉庆谨慎处理此案。嘉庆听其建议，在和珅自缢的第二天即宣布和珅一案审理完结，不再追究其他党羽。之后刘墉担任太子太保一职，得到嘉庆的信任。和珅案件的处理，颇得时人的称赞。在这件事情上，刘墉并没有徇私报复，而是秉公处理，一位政治家的风度由此凸现。

浓墨宰相，书法传世

刘墉才华出众，精于书法，是有名的书法家，也是帖学之集大成者，与成亲王、翁方纲、铁保并称"清代四大书法家"。其书法味厚神藏，非常气派。

刘墉汲取前人精华，但不墨守成规，他善用重墨，字体丰满有力，隐见其骨，凝重厚实，所以人们都称他为"浓墨宰相"。他的书法经历了三个阶段：年少时，受环境和乾隆审美观的影响，他模仿董其昌和赵孟頫的墨迹，字体圆熟流畅，如同簪花仕女；中年后，他开始学习苏东坡的书法，字迹变得刚健潇洒；到了晚年，他的书法逐渐平和而达到挥洒自如的境界，庄严高妙。刘墉颇善小楷，后人评价他的小楷既有钟繇、王羲之、颜真卿和苏轼的影子，也有魏晋小楷的神韵。

刘墉的文章也颇具文采，他博览群书，博古通今，对考察辨证古文经书下过很大力气。

能文能写的刘墉名噪一时，著有《石庵诗集》，流传甚广，为后人留下了不朽的文化瑰宝。

"和珅跌倒，嘉庆吃饱"这句广为流传的俗语，说的是嘉庆帝惩治贪官和珅的事。乾隆末年，和珅身居要职，贪赃枉法，大肆敛财。乾隆去世后不久，嘉庆帝就设计诛杀了和珅，并没收其所有家产，这些家产的价值相当于朝廷十年财政收入的总和，和珅也因此被称为"清朝第一大贪官"。这从侧面反映了清政府的腐朽和衰败，说明处于中国封建社会晚期的清政府已开始走向没落。

公元1616年～公元1911年
///////// 大清王朝 /////////
千古巨贪和珅

协调性。首席军机大臣是朝臣的代表，向皇帝传达臣子的观点，是为"进谏"；皇帝作为最高统治者，有至高无上的权力，但要听取臣子的意见，是为"接受进谏"。二者在制约中平衡，力争使政治清明。和珅为谋一己之私，设置耳目，将乾隆的脾气性情摸得一清二楚，然后投其所好，故能博得乾隆的欢心。但这样一来，君臣间便无真正的交流，大多时候，乾隆仅能听到和珅的一家之言，就算他对有的事偶尔有所风闻，和珅也有办法颠倒是非，摆脱困境。

家世低微，时来运转

和珅姓钮祜禄，满洲正红旗人，出身贫寒，微谙文墨。1769年，和珅袭三等轻车都尉，看似没有加官晋爵的机会。但和珅凭英俊的外貌和机智的头脑，脱颖而出，受到乾隆青睐。1775年，和珅迁乾清门侍卫。

此后，和珅顺风顺水，青云直上，先后被擢升为御前侍卫和副都统，但这也只不过是个开头罢了。和珅不断升迁，身兼户部侍郎、军机大臣、内务府大臣、步军统领、崇文门监督等职。此时和珅的风头无人可及，财政、京城军事防卫、朝政大事几乎都在其掌管之中。四年后，和珅又升为尚书，由副都统变为都统，还是内务府大臣兼衔领侍卫内大臣，军机大臣兼议政大臣、御前大臣，并成为理藩院尚书，四库全书馆正总裁，真可谓"一人之下，万人之上"。后来，和珅之子与和孝公主成婚。这样，和珅与乾隆又成了儿女亲家。

这不合常规的升迁破坏了清政府政治体制的

一手遮天，作威作福

依仗乾隆的宠信，和珅多年来一手遮天，肆意妄为，几乎所有反对他的人都惨遭其设计陷害。

1782年，依附于和珅的山东巡抚国泰和布政使于易简被御史钱沣弹劾。钱沣上奏说他们"吏治废弛，贪婪无厌，各州县库皆亏缺"。和珅、刘墉奉命共查此案。临行前，和珅先派人去山东通风报信，刘墉得知后马上与钱沣商讨对策。于是，钱沣也乔装先行南下，在北京良乡与和珅派遣的人相遇。钱沣牢牢记下那人的长相，之后赶到济南，发现那人正要回京，钱沣将其拿下，并在他身上找

▲（清）乾隆画珐琅荷叶式盒
该器呈不规则的荷叶形，盖錾成浅浮雕式一把莲的纹饰，莲柄跨越盒身至圈足。器内涂浅蓝釉，器表施浅绿釉为地，以深绿线条绘出若隐若现的粗细叶脉为锦，绘粉红莲花、蕾苞及翠绿叶、柄和莲蓬等，矮圈足饰装饰图案。

〉〉〉明末清初"八大书法家"之一宋曹病逝。宋曹，字彬臣，号射陵，他在书论、书法、诗学上造诣很深，曾名冠一时。

到了国泰写给和珅的回信。等刘墉一行人到济南后，和珅料定库银已补足，便提议简单抽查，尽快结案，但遭到钱沣等人的反对。钱沣下令检查每包库银，并封锁银库，连夜彻查。在第二天的检查中，他们终于发现所查的银子成色与库银的标准不符，颇似经商用的银两。显然，国泰等人临时借用了商人的银两来补缺。于是，钱沣贴出告示让商人来认领，否则全部没收。一时间前来认领的商人络绎不绝，库银很快被领空。乾隆获悉非常气愤，下令把国泰、于易简投入大牢，并赐其自缢。和珅计穷，从此对钱沣心生怨恨。钱沣乘胜追击，再奏一本弹劾和珅，说身为军机大臣的和珅私自易地办公，致使大臣都各自为政，有悖国法。乾隆责令钱沣查处此事，但不久，钱沣突然去世，此事不了了之。

1790年，内阁学士尹壮图揭发各省官员侵吞，挪用库银。乾隆震怒之下派尹壮图到地方详查，在和珅的提议下，户部侍郎庆成随行。庆成名义上是协助尹壮图查案，实际却是为了拖住尹壮图，为地方官员作掩护，让他们有时间弥补亏空。结果尹壮图此行不但毫无所获，反而以诬陷官员之名而被革职。

多行不义必自毙

和珅得意忘形，忘记了乾隆总有倒下去的一天，而没有为自己留后路。当乾隆想让颙琰继承皇位的意思被和珅探知后，和珅在此事被宣布的前一天，抢先将一柄玉如意送给颙琰，并夸耀自己在此事上所做的努力。乾隆退位后，颙琰即位，史称嘉庆帝。和珅的气焰有增无减，连嘉庆有事想禀告父亲，也要从中作梗。一次，嘉庆做了首诗祝贺自己的老师由两广总督升任大学士，却被和珅抓住机会向乾隆告状，说嘉庆向下属施恩。乾隆

信以为真，把嘉庆的老师贬为安徽巡抚。没有实权的嘉庆只能忍辱负重，以伺时机。

1799年初，太上皇乾隆去世的第二天，嘉庆就令和珅、户部尚书福长安在殡殿轮流看守，不得随意进出，等于把和珅软禁起来。接下来，嘉庆下了一道奇怪的圣旨，对围剿白莲教不力的人严厉惩办，并要找出白莲教的幕后主使。一些大臣悟出了嘉庆的心思，纷纷呈上揭发和珅罪行的奏章。嘉庆细数了和珅的罪状，并将其打入大狱。

后来，在董诰、刘墉等大臣的建议下，嘉庆赐和珅自缢于狱中。同时，为保证政治稳定，嘉庆下令：对于和珅的党羽，凡改过自新者，均不再追究。

和珅家产庞大，珠宝古玩、名人字画、西洋器物，数不胜数，这些财物最后都被充入国库。

▼（清）珍玩多宝格

多宝格是专为盛放各类小件珍玩所设计的精巧盒、匣、箱、柜，是一种可充分利用空间的工艺作品。在造型上力求美观精巧，往往一件多宝格中箱中有盒，盒中有匣，匣中有屉，辗转曲折。其中所藏珍玩也品目繁多，有玉器、瓷器、铜器、象牙、珐琅、钟表、书画等。图中多宝格为清代皇室之物。

公元1616年~公元1911年
////////////////大清王朝////////////////
民族英雄林则徐

轰轰烈烈的虎门销烟运动是中国近代史上反侵略的伟大壮举，它不仅维护了中华民族的尊严，还激发了中国人民的斗志。林则徐因领导这场运动而成了民族英雄。他有副颇具警示意义且富含哲理的对联："海纳百川，有容乃大。壁立千仞，无欲则刚。"上联表示为官做人要广开言路，有容人之量；下联勉励自己戒除一切贪念私欲，不给人可乘之机，这样才能如山般傲然挺立。

私鸦片的行为十分不满，强烈要求政府禁烟。一些对时局有清醒认识的士大夫也主张禁烟，但遭到了持不同看法的人的反对，清政府内部分为禁烟与弛禁两个派别，双方争论不休。

眼看鸦片走私活动越来越猖獗，为稳定统治，道光禁烟的态度渐渐变得坚决。1838年秋，道光采纳黄爵滋、林则徐的禁烟意见，下诏命令各地对鸦片的贩卖要"同心合意，不分畛域，上紧查拿，毋得稍行松劲"。

鸦片泛滥，掀起禁烟争论

19世纪30年代以前，在外国与清政府进行合法贸易的过程中，大量白银流入中国，英法等国始终处于贸易逆差地位。为扭转出超局面，极具侵略性的西方资本家开始走私鸦片，冲击正常的贸易市场。英国商人将纺织品销往印度，再把印度的鸦片运到中国，换取中国的茶、丝、瓷器。如此一来，他们获得了巨额的利润。在英国的影响下，美国、俄国开始分别从土耳其、中亚向中国大量输入鸦片。

大量鸦片流入中国，使英国在中英贸易中占据有利地位，由逆差变为顺差。而鸦片在中国境内的肆虐，严重影响了吸食者的身体素质和心智水平，如不及时制止，中华民族岌岌可危！许多百姓深受鸦片毒害，对西方列强走

奉旨前往广东禁烟

1838年冬，道光召时任湖广总督的林则徐回京，在八天内与其进行了八次面谈，详细听他讲解禁烟的意义和举措。道光十分欣赏林则徐，任命他为钦差大臣兼兵部尚书，命他指挥广东水师。之后，林则徐奉旨前往广东禁烟。

林则徐来到广州，与两广总督邓廷桢一起禁烟。他们很快展开行动，缉拿当地烟贩，对烟贩进行严厉惩处。同时，林则徐果断地昭告外国商行，开始收缴鸦片。他与邓廷桢及广东巡抚怡良召集十三家洋行的商人开会。在会上，林则徐斩钉截铁地说："若鸦片一日未绝，本大

◀林则徐像
林则徐领导了中国历史上轰轰烈烈的禁烟运动虎门销烟，指挥了抗英斗争，捍卫了国家主权和民族尊严，是中国近代史上伟大的民族英雄和爱国者。

〉〉〉张玉书等人集体编纂的《康熙字典》成书，共收47035字。该书的编纂工作始于康熙四十九年，成书于康熙五十五年，因此得名。

◎看世界／意大利王国成立　　　　◎时间／1861年　　　　◎关键词／撒丁王国

臣一日不回，誓与此事相始终，断无中止之理。"

林则徐限外国烟贩在三天内上缴手中所有鸦片，逾期不缴者将被查封货船和港口。此外，商贩们还要签署保证书，保证以后来船不再夹带鸦片，否则就"货尽没官，人即正法"。

林则徐积极的禁烟行动和有效的措施，得到了广大广州人民的拥护，他们也行动起来，协助官府禁烟。广州百姓日夜监视商馆，防止商贩私藏、转运鸦片；渔民们则配合清军监视商贩的货船。外国商贩当然不想上缴鸦片，他们以外商商会为工具，千方百计地阻拦禁烟运动的进行。1839年春，英国鸦片走私贩颠地被林则徐逮捕。英国政府代表、驻华商务监督义律闻讯震怒，他火速从澳门赶到广州，亲自坐镇阻止禁烟运动。他先是将一艘军舰停在珠江口外，企图以武力恐吓林则徐。到了晚上，他又唆使颠地潜逃，但因被中国群众察觉，颠地才没有逃脱。针对义律的恶劣行径，林则徐下令终止中英间的贸易，围困英国商馆，掐断商馆与澳门的来往，并撤出了商馆内所有的中国雇员。义律无奈，只得上缴鸦片。

零丁洋上停着英、美烟贩的很多商船，林则徐强令他们上缴鸦片。在不到两个月的时间里，清政府共缴获两万多箱鸦片，重约一百二十万公斤。这次行动是清政府从来没有取得过的禁烟胜利，震惊中外。

虎门销烟，扬中国人志气

缴烟行动取得全胜，接下来，林则徐要面对的就是如何处理那些收缴上来的鸦片的问题。当时，很多外国商贩都猜测清政府可能会对鸦片实行专卖，从而使鸦片贸易合法化。但事实证明，他们想错了。收缴鸦片后，林则徐先是命令重兵看守鸦片，随后上奏道光，请求验明实物数量后立

▲清末吸食鸦片的中国人

清末，殖民者大量输入鸦片以及国内罂粟的大量种植，致使鸦片烟毒泛滥成灾，给社会造成了极大危害。

刻销毁。道光对林则徐非常信任，下令林则徐和邓廷桢、怡良等人将收缴的鸦片就地销毁。

1839年夏天，林则徐下令在虎门将鸦片公开销毁。为了昭示清政府消灭鸦片的决心，林则徐还特别邀请了外国商人、船长、传教士等到现场观看，让他们目睹销烟的全过程。

为了彻底销毁鸦片，林则徐想出了一个好方法。他命人在海边挖好两个十五丈见方的大池子，池子底部铺满石条，前面凿涵洞，后面通水沟。准备销毁鸦片时，先通过水沟引水入池，然后在池中撒盐。等池水变成盐卤后，再把收缴上来的鸦片拆包、切碎，投入盐卤中浸泡。半日后，向池中撒入生石灰，经过激烈的化学反应，鸦片就会被销毁。等到海水退潮时，再把销烟池前的涵洞打开，已经销毁的鸦片便会随着潮水流入大海。为防止烟土销毁得不彻底，林则徐还命人在涵洞口装上网筛，阻挡未完全销毁的大块鸦片流出。

就这样，林则徐用了整整二十多天，才把缴获上来的鸦片全部销毁。整个销烟过程干净利落，赢得了广大人民的广泛赞誉，当时虎门海滩每天都有上万人围观，人们无不拍手称快。就连看到这种情形的外国人，也对林则徐禁烟的果断表示钦佩。

公元1616年～公元1911年
////////// 大清王朝 //////////
鸦片战争

嘉庆后期，中国封建社会已经逐渐衰败，但统治者依然自大地以为中国是"天朝上国"，对外界事物不屑一顾。与此同时，西方国家迅速崛起，出于资本积累的需要，这些国家开始积极地拓展海外市场，并把目光瞄准了地域广大、人口众多的中国。他们疯狂地向中国走私鸦片，致使中国的白银大量外流，百姓身心健康受到极大摧残。1840年，中英之间爆发了战争，史称鸦片战争。中国战败，从此逐渐由拥有独立主权的国家开始沦为半殖民地半封建国家。

英军首次北犯

林则徐领导的禁烟运动有力地打击了英国。英国政府对此表示强烈反对，并决定以武力开拓中国市场，于是拨款派兵，发动对清政府的战争。1840年夏天，海军少将懿律、驻华商务监督义律带领一支由四千名士兵、四十七艘军舰组成的军队，封锁广东珠江口，鸦片战争爆发。

这次鸦片战争大致可分为三个阶段，1840年夏天至1840年底是第一个阶段。

英军先后封锁广州、厦门等地的海口，占领浙江定海（今舟山市），并以此作为战争的根据地。英军所到之处，除林则徐有所准备外，其他各地均军备废弛，不堪一击。没过多久，英国军舰便直接开进天津大沽。

惊恐之余的道光革除林则徐等人的官职，派

直隶总督琦善以钦差大臣的身份前去和英军接洽议和。这时，英军军营中疫病猖獗，而且季风也即将结束，英军即使继续沿海北上，也没有完全取胜的把握。所以，他们答应清政府南返谈判。

英军撤退后，清政府开始加强沿海海防，并打算收复定海。

虎门广州之战

鸦片战争的第二阶段发生在1840年底至1841年秋天。

1840年底，中英两国在广东和谈，但由于双方分歧太大而没有达成和议。1841年初，英军炮轰沙角、大角两炮台，这是虎门的重要门户。道光得知后调兵遣将，对英宣战。侍卫内大臣奕山连同从全国征调的万余人赶赴广东。一个月后，英军攻克虎门大虎山等炮台，沿珠江进军广州，与清军展开激战，广东水师提督关天培战死沙场。同年初夏，英军兵分两路攻打广州，一路夺取城西南的商馆，一路从城西北绕到城北高地，占领了那里的炮台。见局势不妙，奕山连忙答应英国的条件，于1841年5月27日签署《广州和约》，以六百万银元换取广州的安全。但是，英军依然在中国土地上烧杀抢掠，引起中国百姓的强烈不满，他们自发地组织

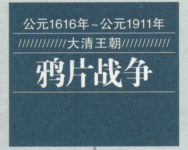

▲关天培像

关天培，字仲因，号滋圃，江苏淮安府山阳县（今江苏淮安市）人。鸦片战争爆发后，关天培于靖远炮台督军顽强抵抗，并亲燃大炮对敌轰击，负伤后力战殉国。

◎看世界／美国颁布"宅地法"　　　　◎时间／1862年　　　　◎关键词／西部土地 解放黑奴

起来抗击侵略，保卫家园，其中规模较大的是三元里抗英斗争。

英军再次北犯

　　鸦片战争的第三阶段是从1841年秋天至1842秋天。英国对义律取得的六百万银元的战绩并不满足，便派璞鼎查代替义律，负责侵华事宜。1841年秋天，璞鼎查带领一支由两千五百名士兵

发起攻击，清军不敌而撤退到曹娥江以西。清政府精心策划的反击战再次失利，道光把耆英调到江南，准备与英军缔结停战协议。

　　两个月后，英军离开宁波，继续向北进犯，攻克了浙江平湖乍浦镇。1842年夏天，中英之间展开吴淞之战，江南提督陈化成以身殉国。之

▼《南京条约》签字图

1842年8月29日，清廷代表耆英与英国全权代表璞鼎查于南京江面上的英国"汗华丽"战舰上签署了和约。

和三十七艘军舰组成的队伍离开香港，先攻破厦门，占领鼓浪屿。然后继续北上，威逼浙江。随后，又在短短的半个月内先后攻克定海（1841年2月，英军曾因疾病肆虐而被迫放弃定海），占领镇海（今属宁波），拿下宁波。随后，因兵力不足，暂时停止侵略，静等支援部队。

　　清军接连失守众多城池，道光封吏部尚书奕经为扬威将军，让他领兵赴浙抵抗。1842年春天，奕经认为时机成熟，便准备发起反攻，想要收复宁波、镇海、定海。清政府水、陆两军先是分别攻击宁波、镇海的英军，但均告失败。后来又因天气的关系，进攻定海的计划搁浅。这时，驻扎在宁波的英军向慈溪（今慈城镇）和城西大宝山的清军

后，英国的后援部队陆续进驻长江口。此时，英军有七十多艘军舰、一万两千多名士兵，他们沿长江而上，截断清政府的内陆交通枢纽，攻克镇江，直逼南京。清政府在连续失败的打击下，已经无心抗战，遂答应英国所有的停战条件。

丧权辱国，签订条约

　　早在1841年，中英两国就已签订停战协议《广州和约》，但当时英国没有达到其预期目的，便继续进犯。清军节节败退，清政府只好妥协。1842年夏天，中方代表耆英与英国全权代表璞鼎查签订《江宁条约》，即中英《南京条约》。《南京条

〉〉〉敦煌莫高窟再次受到关注，地方官吏开始注意保护莫高窟，清除窟内流沙。

1725年

| ●看世界／第一国际成立 | ●时间／1864年 | ●关键词／无产阶级 |

约》共有十三款，其主要规定有：中国开放广州、福州、厦门、宁波、上海为自由通商口岸，英商可自由居住，英国可派驻领事；中国将香港岛割让给英国；中国支付赔款共两千一百万银元，包括烟费补偿六百万银元，偿还商人欠款三百万银元，赔偿军费一千两百万银元；英商进出口的关税应该由中英双方"秉公议定则例"。此外，条约还取消行商制，保护那些专门为英国服务的中国人。

1843年秋，代表清政府的耆英与代表英国的璞鼎查在广东虎门又签订中英《五口通商附粘善后条款》《中英五口通商章程》等条约，作为《南京条约》的补充条约。这些条约不仅使中国丧失了独立的司法权、关税权，还使英国从中取得片面最惠国待遇。

《南京条约》是中国近代史上外国侵略者强迫清政府签订的第一个不平等条约，使中国的主权和领土的完整性遭到严重破坏。自此，中国开始沦为半殖民地半封建社会。

在鸦片战争中，我国军民英勇地抵抗西方列强，涌现出许多可歌可泣的人物和事迹。但由于清政府一直在战和问题上左右摇摆，再加上清军

战术僵化，军备条件落后，最终，无法与英军抗衡。

从此，西方各国的侵略者陆续用武力打开我国大门，清朝的封建制度受到冲击。

▲鸦片战争中的海战场面

第一次鸦片战争中，由于清廷战和不定，决策多变，将帅不善指挥，战法呆板，加之武器装备落后，清军终为英军所败。

◀（清）铜胎西洋画珐琅人物火镰盒

这件火镰盒呈扁圆形，一边有按钮，另一侧凸出一铁片，盒内可放燧石。盒的两面分别绘有三个西洋男子坐于桌边。珐琅画之外周有一圈卧蚕纹，但与传统的卧蚕纹不同，因此这件火镰盒可能是当时欧洲国家送给中国皇帝的礼物。

历史百科 //三元里抗英斗争//

《广州和约》墨迹未干，英军就不断窜扰广州西北郊各村庄，奸淫掳掠。广大民众愤填膺，各地团练共同抵抗。1841年5月29日，英军劫掠队到三元里一带抢劫，侮辱妇女。三元里周边103个乡的民众"义愤同赴"，组成反侵略武装抵御英军。5月30日清晨，数千名村民逼近英军司令部所在的四方炮台，诱敌至牛栏岗，经过一天激战，打死英军两百多人。这是近代中国人民的第一次大规模反侵略斗争，它的胜利极大地鼓舞了中国人民。它像一面鲜艳的战旗，激励着英勇的中国人民再接再厉，把反侵略斗争进行到底。

少年读全景中华上下五千年·6·明清王朝

大清王朝·末代封建王朝的兴衰史

一二六

〉〉〉我国现存最大的一部类书《古今图书集成》定稿。该书康熙时由清代著名学者陈梦雷主持编纂，雍正帝即位后又命蒋廷锡等重新编校。

◎看世界／日本明治天皇即位　　◎时间／1867年　　◎关键词／倒幕运动

太平天国运动是发生在清末的一场轰轰烈烈的农民起义。从金田起义到天京陷落，这场运动持续了十四年，波及十八个省，沉重地打击了腐朽的清朝政府。这场运动发生在鸦片战争之后，当时的中国面临着内忧外患的复杂局面，所以以洪秀全为首的太平天国将士不仅反封建，还举起了反侵略的大旗。但反侵略并不是将西方全盘否定，他们还发出了"学习西方，发展资本主义"的倡议。由于历史的局限性，这场运动最后被中外势力联合绞杀，但它所体现出来的反压迫、反侵略的战斗精神，值得后人尊敬和学习。

公元1616年~公元1911年
//////////大清王朝//////////
太平天国运动

民不聊生，爆发革命

太平天国运动是一场反封建、反侵略的农民起义。19世纪中期，清政府逐步走向没落，在西方列强的侵略下，其统治摇摇欲坠。战争的支出和巨额的赔款，都被转嫁到百姓身上；官吏层层剥削，贪污贿赂现象严重；地主阶级也将自己的负担转嫁给百姓，致使广大农民的负担加重。与此同时，银价上涨、自然灾害频发，使得百姓缺衣少食、居无定所，生活异常艰难。在这种情况下，阶级矛盾更加尖锐，农民起义层出不穷，其中两广和湖南的反压迫斗争最为激烈。太平天国运动便是在这样的背景下爆发的。

1851年初，洪秀全带领两万多名百姓在广西金田村发动起义，建号太平天国，称军队为太平军，洪秀全自称天王。同年秋，太平军占领永安，开始建制。洪秀全颁布封王诏令：东王杨秀清，西王萧朝贵，南王冯云山，

北王韦昌辉，翼王石达开，并且由东王节制诸王。太平天国的中央政权组织初步形成。

颁布纲领性文件

太平天国运动刚一开始就遭到了清政府的打压。清政府调遣军队包围永安，双方在此胶着了半年，后太平军成功突出包围圈。1852年，太平军进入湖南，湖南的百姓正处于水深火热之中。针对这种情况，洪秀全颁布了一系列告示，号召广大百姓打倒反动统治。这些号召得到了群众热烈的响应，加入太平军的百姓"日以千计"，太平军军队兵力大增。同年秋，太平军攻打长沙，久围不下，便转道北上，在益阳、岳州地区缴获许多船只炮械，组建了水师。太平天国水陆大军齐头并进，所向披靡，占领武昌，攻克南京，并改南京为天京，作为都城。为确保天京安全，太平军占领了周围的镇江、扬州和浦口等地。定都后，洪秀全颁布《天朝田亩制度》，废除封建土地所有制，建立平均分配的土地制度。洪秀全等人主张独立自主，不承认清政府同侵略者签订的不平等条约，严禁鸦片买卖。

广大人民从中得到了实际恩惠，斗争的积极性被调动起来。

《天朝田亩制度》反映了农民阶级要求废除封建土地所有制的强烈愿望，它不仅解决了农民的土地问题，还涉及经济、政治、文教和社会改革等方面，具有积极的意义。

▲太平天国"圣宝"
太平天国定都天京后，定立币制，铸钱币"圣宝"。"圣宝"是没有面值、只以大小论其值的钱币。

●看世界/《蓝色多瑙河》首次公演　　　●时间/1867年　　　●关键词/圆舞曲

▶李秀成天京解围

清将吉尔阿和总兵张国梁，率兵围困镇江，威胁天京。李秀成巧出奇兵，带三千人乘黑夜越过汤头岔河，与陈玉成、吴如孝内外夹击，重创清军，遂解镇江之围。

北伐西征，祸起萧墙

1853年，太平军开始北伐和西征，得到了天地会和捻军的响应，他们以武装起义的形式配合太平军的行动。但太平军的北伐并不顺利，北伐军深入敌区，孤立无援，以失败而告终。西征军则在石达开的率领下，重创曾国藩的湘军。与此同时，清军围困天京的江北、江南大营被太平军瓦解，到了1856年夏天，太平军已经掌控了从武汉到镇江的广大区域，太平天国达到了军事上的鼎盛时期。

随着政权的巩固，太平天国统治阶级的内部矛盾逐渐突出，以致发生天京事变。1856年秋，杨秀清及其家属、部下被韦昌辉残杀。不久，韦昌辉被洪秀全处死。接着，洪秀全命石达开回到天京协助处理政务。1857年春，不堪洪秀全疑忌的石达开又被迫离开。一系列的残杀和混乱使太平天国的大好局面急转直下，实力迅速减弱，人心逐渐涣散。此时的清政府与西方列强勾结在一起，共同对付天平军。面对异常强大的敌人，太平军进入了艰难的防御阶段。

为扭转局面，洪秀全将陈玉成、李秀成等青年将领破格提拔出来，组成新的领导集团。1858年秋，李秀成、陈玉成等将领在枞阳召开会议，会上众将领"各誓一心，订约会战"。之后，陈玉成、李秀成二人协同作战，一个月后，联合瓦解了清军重建的江北大营。又过了一个月，二人与李续宾统领的湘军主力在三河镇展开激烈的战斗，最后全歼敌军。

1859年，太平天国颁布《资政新篇》，提倡向西方学习，进行经济、政治和文化改革。《资政新篇》符合时代发展潮流，但由于历史和其自身的局限性，并没有真正实施。

天京陷落，运动失败

1860年春，清军重建的江南大营被太平军攻陷。太平军乘胜扩大战果，先后占领苏、杭两地，并建立了苏浙根据地，革命浪潮出现中兴的大好势头。在西北，清政府重兵包围安庆，陈玉成率领将士进行了一场艰苦卓绝的保卫战，但因力量悬殊，1861年秋，安庆陷落，天京形势危急。李秀成带领军队增援天京，遭遇湘军的阻截，相持四十多天也没能成功突围。1864年夏天，洪秀全因病去世。一个月后，天京失守，太平天国运动结束。值得称赞的是，1862年太平天国危机重重之时，太平国的战士还坚持在上海、宁波等地抗击外来侵略者，彰显了中华民族英勇顽强的一面。

太平天国运动是近代中国爆发的一场轰轰烈烈的农民起义，因持续时间长、规模大，而成为几千年来中国农民战争的最高峰。太平天国运动中颁布的《天朝田亩制度》《资政新篇》是我国古人智慧的结晶，为处于水深火热的农民带来一丝曙光，是我国农民对土地、自由、平等等的迫切要求的反映。

但同时，农民阶级的局限性也决定了运动最终不可能取得成功。农民阶级人数众多但分散性、守旧性强，再加上他们面对的是封建统治者和西方侵略者的双重镇压，起义失败在所难免。

◎看世界／美国宪法修正案通过　　◎时间／1870年　　◎关键词／美国宪法

咸丰去世后,慈禧在恭亲王奕䜣的协助下,成功发动辛酉政变,掌控了朝政大权。她垂帘听政,施展权术和阴谋,竭力维护自己的独裁统治。对内,慈禧重用汉族官吏,提拔曾国藩等人,疯狂镇压太平天国运动;对外,她只想保住自己的统治地位,因此对外国侵略者一味地妥协退让、赔款割地。慈禧统治中国长达五十年,这个时期的清政府软弱无能,腐朽黑暗,广大人民饱受凌辱。

公元1616年~公元1911年
//////////// 大清王朝 ////////////
慈禧垂帘听政

行宫(即避暑山庄),遭到了慈禧的劝阻。她建议咸丰留在北京,全力抵抗外国侵略者,但咸丰不听,还差一点杀掉慈禧。最后,留守北京的奕䜣与英法侵略者签订了丧权辱国的《北京条约》,慈禧对此感到耻辱,建议咸丰废除不平等的条约,与侵略者再战,后咸丰病重,慈禧才不再提起。

入宫受宠,协理政务参机要

慈禧太后叶赫那拉氏年少时容貌出众,多才多艺。1852年,慈禧以秀女的身份进入皇宫,获封兰贵人。慈禧很会讨好皇帝,因此得到咸丰的宠幸。1854年,她被进封为懿嫔。1856年,慈禧生下儿子载淳,母凭子贵,慈禧晋封为储秀宫懿妃,次年又晋懿贵妃,在后宫中的地位越来越高。

慈禧秀外慧中,十分聪颖,且颇有才能,在咸丰批阅奏章时,她经常侍奉左右。她耳闻目睹,又处处留心,很快便对如何处理政务一清二楚。对于政务,咸丰不胜其烦,便让慈禧协助他进行分类。当咸丰懒于处理朝政的时候,慈禧就代为处理。咸丰有很多妃嫔,但只有慈禧被选中协助处理政务,可见慈禧不仅有心机,也确有一定的才能。

1856年,英法联军发动第二次鸦片战争。他们一路北上,在八里桥重创清军,然后逼近北京。惊慌失措的咸丰想要出逃热河

辛酉政变,垂帘听政掌大权

鸦片战争敲开了清政府的大门,侵略者对地大物博的中国垂涎三尺。外有侵略者虎视眈眈,内有农民起义风起云涌,但处于内外交困中的清政府并没有清醒过来,依然昏庸腐朽。第二次鸦片战争结束后不久,为争夺最高统治权,清朝内部发生政变。

怡亲王载垣、郑亲王端华、协办大学士肃顺等人是备受咸丰宠信的几位大臣,他们与恭亲王奕䜣积怨颇深。1861年,咸丰在热河行宫(今承德)病逝,他在遗命诏书中立皇太子载淳为帝,改年号为祺祥,委任载垣、端华、肃顺、穆荫及御前大臣景寿等八人为赞襄政务大臣,让他们总理朝政,辅佐皇帝,尊皇后钮钴禄氏和懿贵妃分别为母后皇太后(俗称东太后)与圣母皇太后(俗称西太后)。为掌握国家最高统治权,慈禧鼓动慈安太后发动政

▲(清)青花缠枝花卉开光绘人物纹双耳扁壶
该器质地为瓷,器形周正,饰双耳,青花绘缠枝花卉纹饰,并开光绘人物纹。

变，并暗中联络奕䜣，取得了外国势力的支持。奕䜣在慈禧的授意下，冲破阻碍前往热河，名为奔丧，实为密谋政变。同年秋，慈禧、慈安带着载淳启程回京，肃顺等人护送咸丰灵柩。慈禧、慈安带着载淳走小路，提前赶回北京，为发动政变做准备。

随后，慈禧将刚回到北京的载垣、端华、肃顺等人逮捕革职，下令查办景寿等军机大臣，并任命奕䜣为议政王，入主军机处。接着，慈禧将年号"祺祥"改为"同治"，将载垣、端华、肃顺处死，将景寿等人撤职，将穆荫等人发配边疆。

就这样，慈禧成功地发动了辛酉政变（1861年为农历辛酉年，故名），干净利落地处置了对手，开始垂帘听政，首开清朝皇太后垂帘听政的先河。经过此次政变，慈禧正式登上政治舞台。

君临天下，功过是非难断定

慈禧非常奢侈，生前对珍珠玛瑙、宝石玉器、金银器皿的喜爱达到无以复加的地步，死后还要用价值高达亿两白银的珠宝陪葬。慈禧的陵墓是清东陵中最精美、最奢华的。不过，正因为奢华，才吸引了无数盗墓分子，这也许是她始料未及的。1928年，驻扎在遵化的军阀孙殿英与守陵人员勾结在一起，盗挖了乾隆的裕陵地宫和慈禧陵地宫。

慈禧的奢侈还体现在饮食上，她在饮食上的花费是宫中的一笔巨大支出。慈禧有专门的厨房，叫"寿膳房"，专为她一人料理食物。在寿膳房里工作的人多达三百人，他们每天都会做数百个品类的食物呈给慈禧。

慈禧当权近五十年，并非一无是处。她重用奕䜣，稳定内部统治，提拔曾国藩、李鸿章等人，依靠汉族地主武装，联合外国侵略势力，平息了太平天国、捻军运动，以及苗民、回民起义，维持了清王朝的统治。她支持洋务派，以"自强"和"求富"为方针，派遣学童留洋，废除科举，创办新式学堂，办报，创办新式工业，加强军队训练，组建海军等。虽然她支持洋务运动的目的是巩固自己的统治，但却在客观上促进了西方先进制度、科技在中国的传播，为以后中国资产阶级壮大奠定了基础。此外，慈禧破格提拔并重用汉人，使曾国藩、胡林翼、左宗棠、李鸿章、骆秉章等贤能之臣为挽救清朝的危局发挥了巨大的作用。此外，慈禧还下达禁缠足令，促进了我国近代妇女解放运动的兴起和发展。

1908年冬，光绪去世。慈禧把醇亲王载沣年仅三岁的儿子推上皇位，改年号为宣统。没过多久，慈禧也去世，结束了她对中国长达半个世纪的统治。

国家的内忧外患伴随了慈禧一生，慈禧手握皇权，在风雨飘摇的岁月里执政长达五十年之久。她性格的坚毅可见一斑。她当权时，并没有使"江山颠覆"，她在困境中游刃有余的本领足以让一些皇帝汗颜。但清朝毕竟是在她的统治之下气数将尽，作为统治者，她的责任不可推卸。

▲（清）银质珐琅彩酒壶
该壶自内蒙古自治区锡林郭勒盟锡林浩特市征集所得。酒壶为银质，扁圆形直颈，上部插一抿嘴吸管，外圆部有四个扁穿，壶面饰珐琅彩花卉纹。

◎看世界／自由女神像安装完工　　◎时间／1884年　　◎关键词／美国独立纪念

明治维新以后，日本走上了现代化和西方化的道路，开始大力发动对外侵略战争。1894年，日本侵略中国，发动了甲午战争。1895年，甲午战争以中国战败而告终，清政府被迫签订了丧权辱国的《马关条约》。《马关条约》的签订对中国社会的发展产生了极其不利的影响，是中国沦为半殖民地半封建社会的重要一步。从此，外国列强加剧了对中国的掠夺和侵略。中国在政治、经济等方面都受控于外国侵略者，几乎完全失去了独立自主性。

公元1616年~公元1911年
//////////大清王朝//////////
中日甲午战争

对我国的虎视眈眈。

崛起的日本走上了对外侵略的道路，它积极向外拓张，吞并琉球，入侵朝鲜，为侵略中国做着积极的准备。日本在朝鲜发展亲日力量，而且与清政府约定，如果朝鲜发生重大事件，中、日两国在出兵干预前，应该互相通知。

1894年，朝鲜爆发东学党起义。朝鲜政府无力镇压，只好请清政府出兵救助，日本则趁机将军队开进朝鲜。

起义被平息后，日本借口"改革"朝鲜内政，继续留在朝鲜，并不断向朝鲜增兵，以牵制

日本蓄谋挑起战争

鸦片战争后，清政府危机四伏，不仅有西方列强的侵略，还有通过明治维新强盛起来的日本

▼日本人绘黄海大战图
北洋水师自从在黄海大战中失利后，退入威海卫，使黄海的制海权落入了日本联合舰队之手。这决定了甲午战争中中方战败的命运。

▲《马关条约》的签订

1895年4月17日，清政府在日本的逼迫下，签订了丧权辱国的《马关条约》。图为中日双方在日本马关春帆楼签订条约。

中国军队。

　　1894年夏天，日本对丰岛海面的中国海军发起突袭，将清军借来运兵的船"高升"号击沉，同时，日军还向牙山的中国军队发起攻击，挑起战争。

清廷节节溃败

　　面对日本的侵略，一些清朝将领与之进行了殊死搏斗，像马玉昆、左宝贵、丁汝昌、邓世昌、林永升、刘步蟾等人均冲锋在前，视死如归。但因准备不足，仓促应战，清军在平壤陆战及黄海海战中连连失败，只好撤回境内。日本大肆渲染自己的胜利，广造舆论，以调动国内全民的积极性来发动更大的侵略战争。清军指挥者李鸿章则夸大失败，继续消极退让。于是，慈禧开始考虑通过与日本和谈来解决战事。

　　接着，日军只用三天就渡过了鸭绿江，然后相继攻陷了中国的众多城池。清军的接连失败更加动摇了清政府抵抗的信心。朝廷内主和派当道，清政府开始避战求和。

　　旅顺口失陷，使得日本海军占领渤海湾，打开了北洋门户。北洋舰队在威海卫港内避而不战，形势更加恶化。1895年初，日军集中兵力袭击威海卫，仅用半个月，洋务派苦心经营的北洋舰队便全军覆灭。与此同时，在辽东战场上，清政府的六万军队也在日军的攻击下彻底崩溃。

《马关条约》的签订

　　面对失败，清政府选择投降求和。1895年春，李鸿章作为全权大臣去日本议和，在日本马关春帆楼与日本内阁总理大臣伊藤博文、外务大臣陆奥宗光签订《马关条约》。

　　条约的主要内容有：清军撤出朝鲜，不再是朝鲜的宗主国（日本取而代之）；把辽东半岛、台湾岛及其附属岛屿、澎湖列岛割让给日本；开放苏州、杭州、沙市、重庆为口岸；日本可以在中国投资设厂；赔偿日本军费两亿两白银等。

　　《马关条约》是中国继《南京条约》以来与外国列强所签订的最不平等的条约，中国向半殖民化的社会又迈进了一大步。

　　压迫之下必有反抗，《马关条约》后，中华民族开始觉醒。清政府虽然腐败不堪，但也深知"赔款至万万以上，足使中国一蹶不振"。更何况，在此之前，清政府已经有过巨额的赔款，再加上一系列的战事耗费，国库早已空虚，根本无力支付如此巨款。

　　清政府无力赔款，只好向外国借钱，外国侵略者趁机夺取了更多的权益。自日本在中国设立工厂后，其他国家也纷纷来华投资设厂。我国的劳动力和生产原料都十分低廉，外国工厂又有先进的技术，因此外国工厂生产出来的产品价格低，质量好，中国的手工业者和新起步的民族工业根本不能与之抗衡，纷纷破产。中国民族资本主义的发展遭重创，民族危机大大加深。

1802年

〉〉〉孙星衍编写《寰宇访碑录》，共十二卷，收录了各地从周至元代的碑刻，以及一些带字瓦当。

甲午战争中清政府一败涂地，被迫签订了继《南京条约》后最不平等的条约——《马关条约》。当时，各省的举人正在京城应试，他们得知这个消息后，群情激奋，在康有为的带领下联名上书光绪帝，提出"拒和、迁都、练兵、变法"的主张，史称"公车上书"。虽然请愿书被都察院驳回，但这件事却在社会上产生了广泛的影响。公车上书表明中国新兴的资本主义改革思潮终于演变成救亡图存的政治运动，我国的资产阶级改良派从此正式登上历史舞台。之后，全国各地广泛兴起了维新变法运动，康有为成为这场运动的领军人物。

公元1616年~公元1911年
大清王朝
康有为"公车上书"

学习西方，聚徒讲学

康有为，又名祖诒，字广厦，号长素，广东南海人，人称"康南海"或"南海先生"。他是清朝后期著名的政治家、思想家、教育家。康有为尊崇孔子，信奉儒家学说，担任过孔教会会长一职。在社会动荡不安的时代，他试图改革儒家学说，使之与当时的社会相适应。1882年，康有为参加在北京举行的会试，回去时经过上海，接触到资本主义思想文化，康有为开始广泛学习西方国家的政治制度和文化思想。经过一番研究，康有为清醒地认识到：封建制度与资本主义制度相比，已经不再适应社会的发展。在这种认识的驱使下，康有为主张学习西方的制度和科技，变法求强，挽救危难的民族。

1891年，康有为在万木草堂开始讲学，招收学徒，宣传西方先进思想。为使变法有一个国人可以接受的理论，他以尊孔名义先后著述《新学伪经考》和《孔子改制考》。《新学伪经考》说封建社会里认为是经典而不可动摇的言论其实是伪造的、不存在的，《孔子改制考》则对孔子进行了乔装打扮，把封建保守的孔子描绘成一个积极进取、有着平等观念的圣人。当然，康有为的这些考证并不科学，但其中的改革、进取精神却在读书人中产生了极大的反响，而封建顽固派则视之为洪水猛兽。1894年，康有为发表《大同书》，鞭笞了现实社会的黑暗与反动，并描绘了一个如同世外桃源般的大同社会，在那里，人们相亲相爱、平等自由。在为变法奠定了理论基础后，康有为积极进行变法实践。

上皇帝书，百日维新

中日甲午战争，中国战败。在日本人的强迫下，清政府与之签订《马关条约》，把台湾岛及其附属岛屿、澎湖列岛和辽东半岛割让给日本，并赔款两亿两白银。消息传到北京，人人激愤。当时，各省的学子刚在北京考完会试，等待朝廷发榜。康有为坚

▲康有为旧照
康有为在我国历史上首次倡导了政治体制上的中西结合，最早在中国提出了立宪政体，但他的立宪思想中仍有很多保守的成分。

决反对签署这个条约，他集合起广东和湖南的考生去都察院请求上书，要求政府拒签条约。他还和自己的学生梁启超分别去游说朝中大臣，请他们也加入拒签条约的活动。一时间，爱国官吏、社会知名人士纷纷上书朝廷，前去都察院的人络绎不绝，景象蔚为壮观。

后来，康有为将十八省的考生聚集到达智桥松筠庵，共同商讨请愿事宜，最后，他们决定扩大请愿规模。聚会结束后，康有为写下《上今上皇帝书》，整篇长约一万八千多字。康有为从国家安危存亡的角度出发，提出"拒和、迁都、练兵、变法"的建议，力劝皇帝"下诏鼓天下之气，迁都定天下之本，练兵强天下之势，变法成天下之治"。十八省的考生共有一千三百多人在《上今上皇帝书》上签名。随后，他们将这份万言书送交都察院，希望他们能转交给光绪皇帝。

清朝上京应试的举人所需路费是由政府负担的，即他们是乘坐公车到达北京的，所以人们称这次请愿活动为"公车上书"。但都察院并没有接受这封请愿书，理由是《马关条约》已签订，且无法挽回。虽然公车上书没有达到预期目的，但它首开国人参政的风气。之后，各种议政团体如雨后春笋般涌现。其中以1895年康、梁二人成立的强学会最为有名，曾吸引了帝师翁同龢、南洋大臣张之洞等高级官员，并得到了他们的认同和支持。

会试结果出来后，康有为榜上有名，被朝廷授予工部主事一职。之后，康有为又多次上书光绪，全面阐述了自己的变法思想，在政治、经济、文化教育、军事等方面都有独到的见解。关于政治，康有为认为"东西国之强，皆以立宪法，开国会之故。国会者，君与国民共议一国之政法也"，所以应该废除君主专制，采取君主立宪制；关于经济，他强调发展工商业，促进民族资本主义发展；关于文化教育，他主张应该"开民智""兴学校""废八股"；关于军事，他建议裁减冗员，提高军事战斗力等。

公车上书后，维新派登上了历史舞台，在中国兴起的资本主义改革思想终于演变成救亡图存的政治运动。公车上书在中国产生了广泛而深远的影响，康有为成为维新变法运动的领军人物。

▼青岛康有为故居

此方位于青岛市南区汇泉湾畔，福山支路5号，为德式三层楼房，原系德国驻青岛总督府要员官邸。1923年康有为购买此房作为寓所，直到1927年3月病逝于此。

〉〉〉清政府组织人力编纂嘉庆朝《大清一统志》，即《嘉庆重修一统志》，全书事博文约，门类细致，考证精详，是研究清代历史地理的重要资料。

公元1616年～公元1911年
//////// 大清王朝 ////////

百日维新

经历甲午一战，中国进一步向半殖民地社会转变，清朝统治摇摇欲坠。为了挽救中国的颓废之势，以康有为、梁启超为首的变法维新派主张效仿西方制度，以变法富国强兵，这些主张得到了光绪的支持。1898年夏，光绪颁布《明定国是诏》，开始变法。在此后短短的一百零三天时间里，光绪多次发布维新诏令。可惜变法遭到以慈禧为首的反对派的镇压而最终失败。但是，维新变法使资产阶级的思想文化得到了广泛传播，具有一定的积极意义。

国难当头，酝酿维新

中日《马关条约》引发了由康有为发起的公车上书，虽然公车上书最后以失败告终，但这次事件却成为维新变法的开端。之后，康有为多次上书光绪，阐述变法的重要性。

1895年至1898年的这段时间是维新派非常活跃的一个时期。他们组建学会，创办报刊，兴办学堂，不仅为维新运动营造声势，还为变法积蓄力量。1895年秋，维新派的第一个政治团体强学会在北京成立，康有为、梁启超等人对此倾注了大量的心血。1896年秋，黄遵宪、汪康年创办上海《时务报》，梁启超任主笔。1897年，由严复主编的《国闻报》在天津创刊。《时务报》《国闻报》都以介绍西方制度文化、变法图存为宗旨，批判封建专制，主张民主政治，促进了维新变法运动的发展。1897年至1898年，在湖南巡抚陈宝箴的支持下，谭嗣同、黄遵宪、唐才常、梁启超齐聚湖南，出版《湘学报》《湘报》，并开学堂，办学会，湖南维新运动呈现出生机勃勃之象。

1897年底，德国强占胶州湾，清政府的软弱再次激起民众要求变法的浪潮。康有为迅速从广东回到北京，上书《应诏统筹全局折》，请求光绪帝变法维新。同年春，康有为、梁启超等人在北京创建保国会，将"保国、保种、保教"作为宗旨。随后，保滇会、保川会、保浙会等相继成立。士大夫们聚在一起，探讨时局，变法维新的气氛越来越浓。

维新变法的内容

1898年夏天，光绪颁布《明定国是诏》，开始变法维新。同年秋，慈禧宣布重新"训政"，变法失败。变法仅仅进行了一百零三天，史称"百日维新"，也称"戊戌变法"。在变法过程中，光绪多次颁布维新诏令，还免除守旧大臣，提拔维新分子，得到了人们的热烈响应。光绪的维新诏令涉及政治、经济、文化、教育、军事等各个方面，主要内容有：广开言路，倡导官

◀光绪帝像

光绪帝虽然"不甘作亡国之君"，积极支持变法，一度成为维新派心中的"救世主"。但变法遭到以慈禧为主的守旧势力的阻挠，光绪帝没有勇气冲破封建伦理的束缚，终其一生也无法摆脱屈辱和哀怨的命运。

◀京师大学堂牌匾

京师大学堂是今天北京大学的前身，于1898年经光绪皇帝下诏在北京创立，是中国近代第一所正式大学。

民上书自由；精简政府机构，裁减多余人员，命旗人自谋生路；设立农工商局，创办新式企业，鼓励科技发明；设铁路、矿务总局，修筑铁路，开采矿产，设立邮政局；建立国家银行，编制国家预决算；废八股文，改试策论；兴建学堂，并允许和鼓励地方、私人介入，学堂中学、西学并重；创建京师大学堂；允许自由创办学会、报馆；设立译书局，翻译外国著作；派遣人员出国考察、留学；重新编制军队，清除老弱以及无战斗力的士兵，采用新法演练，增设海军，实行保甲制。这些措施促使资产阶级思想文化在中国迅速传播，具有进步意义。在很短时间内，改革已经初见成效，世人为之振奋，"举国鼓舞欢蹈，争求上书"。这一年，上海出版的英文报纸《字林西报》报道："激进的改革举世为之震惊。第一，他们终止了传统的对外国人的憎恶和闭关自守的政策，倡行与列强友善与结盟的政策，倡导全国开放；第二，他们改革了那个愚蠢傲慢、自称世界第一的教育制度；第三，不复因中国文明与制度而自满，维新派在各个部门都实行大刀阔斧的改革。比起这个青年中国来，就连明治维新后的日本也瞠乎其后。"这次变法运动冲击了封建统治根基，促进了先进思想和科技的传播，中国民族资本主义也趁机兴起。

慈禧镇压，变法失败

因为变法反映了新兴资产阶级的利益需求，所以受到了封建守旧派的坚决抵制。

随着变法高潮迭起，维新派与守旧派的关系更加紧张。守旧派非常痛恨康有为、梁启超等人，多次请求慈禧将其处决。奕劻、李莲英则苦请慈禧垂帘听政。御史杨崇伊和天津的荣禄多次秘密策划如何对付维新派。

局势越来越紧张，甚至有传言说光绪将皇位不保。光绪为此多次秘密召见康有为等人，商讨对策。无奈维新派没有实权，他们只好依靠袁世凯对抗荣禄，没想到却被袁世凯出卖。

1898年秋，慈禧发动戊戌政变，守旧派势力重新掌权，光绪被囚禁在瀛台，康有为、梁启超出逃日本。谭嗣同不愿逃走，与康广仁、林旭、杨深秀、杨锐、刘光第五人英勇就义，历史上把他们六人称为"戊戌六君子"。除京师大学堂，慈禧废除了全部的新政措施，维新变法运动以失败告终。

可以说，这次变法运动从一开始就存在诸多问题。从上到下，变法派并没有掌握足够大的权力，以保证变法举措的实施。光绪虽贵为皇帝，但处于慈禧控制之下，没有实权。康有为、梁启超等人对于资本主义制度和文化并没有实质性的了解，只是肤浅地模仿。此外，他们对于当时的政治形势也没有充分的估计和准备。

变法运动的失败说明了在半殖民地半封建的中国，资产阶级改良这条路根本行不通。不过，这次运动促进了我国民族资本主义的发展，顺应了历史的发展规律，称得上是一次政治改良和救亡图存的运动。变法运动宣传了资本主义的制度和文化，打击了封建腐朽势力，是一次重要的思想启蒙运动，促进了我国民族资本主义的发展。

1814年

〉〉〉史学家、诗人赵翼病逝。赵翼，字云崧，号瓯北，乾隆二十六年进士，曾为翰林院编修，著有《陔余丛考》等。

◎看世界／电影首次公开放映　　　◎时间／1895年　　　◎关键词／卢米埃尔兄弟

▲（清）孔雀羽织龙袍
龙袍孔雀羽地彩绣，大襟，马蹄袖，用金线刺绣九条龙、五彩祥云、蝙蝠、花卉和海水等。

少年读全景中华上下五千年·6·明清王朝

大清王朝·末代封建王朝的兴衰史

甲午战争后，帝国主义掀起了瓜分中国的狂潮，民族危机进一步加深，义和团在这时发起了反帝爱国运动。义和团运动把斗争的矛头直指帝国主义侵略者，提出"扶清灭洋"的口号。义和团运动是我国农民阶级领导的一场爱国运动，它没有先进阶级的领导，又遭到了中外势力的联合绞杀，所以最终失败。但义和团运动显示了中国人民巨大的革命力量，唤醒了更多人的反抗意识。在义和团的打击下，清朝统治加速分崩离析。

公元1616年~公元1911年
大清王朝
义和团"扶清灭洋"

义和团的反帝烈火

19世纪末，各帝国主义国家大肆侵略中国的边疆和与中国相邻的国家。甲午战争后，在经济方面，帝国主义开始向中国进行资本输出；在政治方面，列强通过占领租借地和划分势力范围，掀起了瓜分中国的狂潮；在文化方面，帝国主义国家以教会为工具，深入中国民间进行侵略。中华民族与帝国主义国家的矛盾愈加激化，最终导致义和团反帝爱国运动的爆发。

义和团是由分布在山东各地的义和拳、梅花拳和大刀会等秘密民间团体联合组成，早期与反清的白莲教有关。其参加者大都是农民、小手工业者以及其他劳动者或无业游民。1898年夏天，山东巡抚张汝梅在奏折中首次使用"义和团"这一名称。第二年，清统治者在公文中开始正式使用这一名称。

当民族危机日益严重时，义和团将斗争目标指向帝国主义侵略势力，开始"扶清灭洋"。

1899年，在朱红灯的带领下，义和团在山东西部和西北部进行反教会斗争，得到了临近县的响应。他们互相扶助，沉重地打击了教会的侵略势力，震惊了帝国主义和清政府。这场运动很快发展到直隶、河南、山西、内蒙古、东三省等地，其中以京津一带的运动声势最为浩大。

1900年，慈禧招抚义和团，利用他们对抗帝国主义侵略势力。一时间，大量义和团战士进入北京。他们练习武艺，制造兵器，焚烧教堂，反抗侵略，发起了轰轰烈烈的"灭洋、反帝"运动。同年夏天，英、俄、日、法、德、美、意、奥八国联

▼义和团团民
义和团发源于山东，以设拳厂、练拳术等方式组织群众。参加义和团者大多是农民、手工业者和其他贫苦群众。

〉〉〉张格尔叛乱被平定，清军维护了国家的统一和民族的团结。

▲八国联军图

八国联军是指1900年以军事行动侵入中国的英、法、德、俄、美、日本、意大利、奥匈等八大帝国的联合军队。前期由英国海军将领西摩尔率领，开始时总人数约三万，后来有所增加。

军组建了一支两千人的队伍，向北京进犯。义和团和清军爱国将领在廊坊阻击侵略军，迫使他们退回天津租界。在天津，义和团与侵略者进行了激烈的战斗，部分清军在义和团的影响下也开始反抗侵略。但是，因双方力量悬殊，天津最终失守。义和团在天津共消灭了一千余名侵略者，严重削弱了他们的力量。

内外夹击，惨遭镇压

　　1900年，八国联军再次北上，并攻陷北京。11月，八国联军增至十万，相继占领山海关、保定、正定等地。八国联军一路上烧杀抢掠，对中国人民犯下了滔天罪行。沙俄军队的双手更是沾满了中国人民的鲜血，他们制造了耸人听闻的海兰泡惨案和江东六十四屯惨案。海兰泡位于黑龙江北岸，江东六十四屯位于黑龙江东岸精奇里江（即结雅河）以南，在这两个地方，沙俄共杀害了一万余名中国人。

　　此时，清政府内有义和团运动的强大压力，外有八国联军的武力威胁。慈禧为了避开义和团运动的锋芒，对帝国主义屈膝投降，请求其出兵协助镇压义和团运动。

　　在中外势力的联合打击下，义和团处于内外交困的境地。义和团战士被逼撤退到京、津郊区和直隶农村，但他们仍然以各种形式抗击帝国主义的侵略势力，表现了中国人民坚决抗击帝国主义侵略者的英雄气概。而在慈禧看来，只要能维持她的统治，她可以答应侵略者的任何条件。在这个思想的指导下，她令李鸿章尽快与侵略者达成和谈。1900年底，帝国主义国家提出"议和大纲"十二条，以此作为谈判的条件，慈禧"应即照允"，照单全收。1901年秋，清政府与英、法、日、俄、德、美、意、奥、西、比、荷十一国代表，签订了丧权辱国的《辛丑条约》。

　　因义和团运动而引发的八国联军入侵事件以清朝签订耻辱的辛丑条约而结束。从此之后，清朝统治者成为帝国主义国家的走狗、列强在中国的代理人。

1908年秋，光绪病逝。慈禧发下懿旨，召溥仪进宫，将他立为皇位继承人。1908年底，年仅三岁的爱新觉罗·溥仪登上皇位，史称宣统皇帝。溥仪是清军入关后的第十任皇帝，也是我国历史上最后一位皇帝。1912年初，隆裕太后代溥仪颁布了《退位诏书》。退位后，溥仪虽然仍居住在紫禁城内，但他已不再是天下人的皇帝了。溥仪退位不仅标志着清朝统治的灭亡，也意味着在我国延续两千多年的封建帝制就此结束。

登上末代皇帝宝座

溥仪是光绪的弟弟载沣的长子，于1906年出生在北京什刹海边的醇王府。1908年秋，慈禧和光绪都重病在身。光绪无后，于是慈禧在中南海召见众军机大臣，商讨由谁继承皇位。

军机大臣们认为当下内外交困，应该立年长之人，但这个建议遭到慈禧的坚决反对。最后商定的结果是由三岁的溥仪继承皇位，溥仪的亲生父亲载沣辅佐皇帝，参与政务。光绪对这个结果比较满意，毕竟溥仪是自己的亲侄子，而且有亲弟弟载沣辅助管理国家。没过多久，光绪、慈禧先后去世。

1908年底，溥仪在太和殿举行登基大典，正式登上皇位。第二年，改年号为宣统。

公元1616年~公元1911年
//////////大清王朝//////////
末代皇帝溥仪

▲宣统帝朝服像
宣统帝溥仪是清朝登基时年龄最小、在位时间最短的皇帝，他一生曾三次登基、三次退位，这张照片摄于1917年7月他在张勋等人拥戴下复辟期间。

1911年，资产阶级革命风起云涌，辛亥革命取得胜利。在革命党人的逼迫下，1912年初，隆裕太后代溥仪颁布《退位诏书》，清朝灭亡，在我国延续了两千多年的封建帝制至此结束。

1917年夏天，张勋率领"辫子军"进入京城，联合以康有为为首的保皇党，拥立溥仪重新登上皇位。此举遭到了全国人民的反对，十几天后，溥仪再次退位。

溥仪退位后仍然居住在紫禁城内，皇帝的尊号不变。中华民国按照对待外国君主的礼仪对待溥仪，并且每年供给皇室四百万两白银。

溥仪在紫禁城里还是皇帝，但不再是天下人的皇帝了。

从"伪皇帝"到公民

1924年冬，冯玉祥派鹿钟麟率兵闯入紫禁城，逼迫溥仪离开皇宫，史称"逼宫事件"。

溥仪离开紫禁城，搬入载沣的北府，后又逃进日本公使馆。不久，在日本人的护送下，溥仪移居天津。1932年春，日本在东北地区成立伪满洲国，扶持溥仪当上了"皇帝"。由此，溥仪成为这个傀儡政权的执政者，史称"伪皇帝"，定年号为大同。1934年，"满洲国"改为"满洲帝国"，并改年号为康德。

1945年秋，抗日战争终于取得胜利，日本战败投降。溥仪逃亡时被苏联红军捉住，并被带到苏联。1950年秋，溥仪回国，在抚顺战犯管理所

接受改造。1959年底，第二届全国人民代表大会常务委员会第九次会议根据中华人民共和国主席毛泽东的建议通过了关于赦免溥仪罪行的决定。特赦令里说："该犯关押已经满十年，在关押期间，经过劳动改造和思想教育，已经有确实改恶从善的表现，符合特赦令第一条的规定，予以释放。"之后，溥仪成为中华人民共和国公民中的一分子。

1960年春，溥仪进入中国科学院植物研究所工作。1964年，溥仪成为全国政协文史资料研究委员会里的一名资料专员，还入选为人民政协第四届全国委员会委员。

溥仪的五位妻子

溥仪共娶过五个女人。婉容是他的皇后，但他并不喜欢她，长期冷落她。后来婉容与人私通并产下一个女孩，溥仪命人把新生儿扔进锅炉烧化。婉容在极度孤寂中，以吸毒排遣抑郁，身体逐渐衰竭。1946年，她在延吉病逝。

文绣是溥仪的淑妃。宫里不仅充斥着钩心斗角的斗争，还如同囚笼一般束缚着文绣活泼的心。为挣脱束缚，文绣大胆提出离婚，并最终获得自由。当初，为惩罚与人私通的婉容，溥仪迎娶了谭玉龄，将她"像一只鸟似的养在深宫之中"。不过，谭玉龄性格率真，敢作

敢当，聪明能干，因此得到了溥仪的宠爱。1942年秋，谭玉龄患病，经过日本医生诊断后，猝然去世。谭玉龄究竟是病死还是被日本人所害，至今还是个谜。为了不娶日本人安排的女人，溥仪封李玉琴为福贵人。日军败逃时，李玉琴与溥仪一起逃亡。在溥仪被关押到抚顺战犯管理所时，李玉琴与溥仪离婚。溥仪被特赦后，与李淑贤恋爱结婚，夫妻感情很好。溥仪去世时，李淑贤始终陪在他身边。

婉容、文绣和谭玉龄三人出生在颇有声望的官僚贵族家庭中；李玉琴出身普通，但曾长期与皇帝生活在一起；护工出身的李淑贤则是陪伴溥仪走完人生最后旅程的女人。这五个人是溥仪一生天翻地覆的变化的见证者。

1967年，溥仪患尿毒症。周恩来总理得知后，指示有关部门照顾好溥仪，并将他安排在首都医院进行中西医会诊。在溥仪病情危急时，周总理又派著名老中医蒲辅周前去诊断，并让蒲辅周转达全国人民对他的问候。1967年秋，溥仪因病去世。

溥仪是中国封建社会的最后一位皇帝，由皇帝到囚徒再到平民，他的生活发生了天翻地覆的变化。溥仪的一生处于中国社会大变革时期，他见证了一个时代的动荡与前进。

◀溥仪夫妇

晚年的溥仪，已经由一个皇帝被改造成了自食其力的共和国公民。

曹雪芹一生历经坎坷，由"锦衣纨绔皀，饫甘餍肥"到"茅椽蓬牖，瓦灶绳床"，晚年还染病在身，因无钱医治，最后在凄凉中离世。但他给后人留下了一部不朽的著作，这就是他呕心沥血著成的《红楼梦》。《红楼梦》自问世以来，有无数学者对其进行研究，并将这种研究发展为一门专门的学问——红学。随着社会的发展、时代的变迁，学者们对红学的研究也不断深入，这说明《红楼梦》具有强大的生命力，其艺术特色和魅力永不过时。

公元1616年~公元1911年
大清王朝
曹雪芹与《红楼梦》

江宁织造，康熙南巡时，经常住在曹家。受皇帝照顾，曹家一连三代都任织造。织造专门负责为皇族打理服装，是个肥差，再加上江宁本来就经济繁荣，所以曹家越来越富有，成为豪门贵族。

雍正登上皇位后，皇室内部斗争激烈，曹家不幸牵扯到其中，当时，曹雪芹才十几岁。父亲曹頫因亏空得罪被革职治罪，家产也被查抄，鼎盛的曹家从此衰落下去，一蹶不振。曹雪芹亲眼目睹了这一巨变，心灵受到创伤。

后来，曹家举家搬迁到北京，在这一期间，曹

由富贵满堂到落魄草堂

曹雪芹，生卒年月不可考，一般认为是1715年左右至1763年左右。他名霑，字梦阮，号雪芹，又号芹溪、芹圃，祖籍尚存争议。其祖上是汉人，清朝建立后成为满洲正白旗包衣人。

曹雪芹祖上曹振彦是明朝驻守辽东的一个小军官，大约在1616年归顺后金。曹振彦屡立战功，曾担任山西阳和知府、两浙盐法道等官职。曹家逐渐开始兴旺起来。

曹雪芹曾祖父曹玺的妻子孙氏（即曹振彦的儿媳），曾是康熙的奶妈，所以康熙对曹家多有照顾。

曹雪芹的曾祖父曹玺曾任

▼北京西山曹雪芹故居
曹雪芹晚年移居北京西郊，过着"满径蓬蒿""举家食粥"的日子。但就是在这样艰难的条件下，他以顽强的毅力写成了鸿篇巨制《红楼梦》。

1881年

雪芹体会到了生活的艰辛和世态的炎凉。

父亲去世后，曹雪芹的日子更加困苦，只有几间简陋的屋子可以勉强遮风挡雨，饿了只有靠稀粥充饥。晚年，曹雪芹搬迁到北京西郊，"蓬牖茅椽，绳床瓦灶"，生活更加贫困。

曹雪芹由豪门贵族子弟跌入社会底层，饱尝辛酸与痛苦。这一经历，使他看到了社会巨大的贫富差距，由此对封建制度的腐朽有了深刻的认识。但曹雪芹不但没有因为贫困而丧失气节，而是愈加狂傲，从不向现实低头。

十年辛苦著《红楼梦》

在困苦中，曹雪芹一心著书立说，终于完成一部《石头记》，即《红楼梦》。

曹雪芹在书中以贾、史、王、薛四大家族作为故事发生的背景，描绘了贾家这个豪门贵族由盛及衰的过程。全书有两条主线贯穿始终。

贾宝玉和林黛玉的爱情悲剧是其中一条线索。宝、黛不屑于仕途经济，向往自由随性，二人大胆地追求婚姻的自由和个性的解放，这与当时腐朽的封建制度及封建礼教发生了激烈的冲突。在冲突中，宝、黛彻底背叛封建制度和封建礼教，但是他们的爱情也演变为一场悲剧。在书中的第三回和第四回中，黛玉和宝钗相继来到贾府，与宝玉的爱情纠葛开始形成，并在冲突中向前发展。在第九十七回和第九十八回中，黛玉和宝钗形成鲜明的对比：黛玉哀，最后"魂归离恨天"；宝钗喜，终于"出闺成大礼"。由此，这场爱情悲剧达到高潮，也集中表现了全书的主题。接下来是高潮退去后的逐步平静，在这个阶段中，贾家回光返照，似有兴起之意，但已难挽颓败之势。小说最后以宝玉避开尘世而入佛门为结局。

全书的另一条线索是宁、荣二府及其社会关系，这是一条副线，情节既相互独立又彼此关联。书中描写了道貌岸然的封建贵族，他们荒淫无耻，欺下媚上。最后贾府及其亲族都以衰落为最终结局。这条线索不仅是宝、黛爱情悲剧的背景，在主题表达上与也主线殊途同归，而且还抨击和批判了封建制度和封建礼教。

《红楼梦》花费了曹雪芹十年心血，他在北京西郊黄叶村的悼红轩中"批阅十载，增减五次"，才得这部小说，正所谓"字字看来皆是血，十年辛苦不寻常"。在写这部小说时，曹雪芹忍受着贫穷和疾病的折磨，身体越来越衰弱。写完第八十回时，他的儿子不幸夭折。受此沉重的打击，不久之后，他也抱憾离开人世。小说逐渐流传开来，高鹗在八十回的基础上续写四十回，这样，《红楼梦》才成为一部完整的小说。

▼（清）右旋白螺

法螺为藏传佛教常用的法器，也是乐器之一，于卷贝的尾端装上笛子而成。螺有左旋和右旋之分。所谓"旋"，就是指螺尖的螺丝纹，纹为顺时针方向的称右旋螺，为逆时针方向的称左旋螺。海螺的旋纹方向与海波、阳光等有关，多数为左旋，右旋的极少，故而也十分珍贵。

〉〉〉中法战争爆发，以刘永福为首的地方武装黑旗军在越南大败法军，击毙法将李维业，取得纸桥大捷。

〇 看世界／韩国沦为日本殖民地 　　　　　　 时间／1910年 　　　　　　 关键词／《日韩合并条约》

《红楼梦》包罗万象，主题鲜明，是我国古典小说的一座高峰。

《红楼梦》以其崇高的思想性和艺术性成为我国四大名著之一。人们不仅能从中获得艺术享受，还能了解到我国封建社会末期的政治经济、人文状况，《红楼梦》因此被誉为"中国封建社会百科全书"。如今，不只中国学者在研究这部著作，连外国的许多学者也涉足其中，红学已经被世界广泛接受。

▼（清）费丹旭《十二金钗图·黛玉葬花》

"黛玉葬花"出自《红楼梦》第二十三回，是小说中非常精彩的经典段落，突出表现了林黛玉的形象和性格特点，尤其是一首《葬花吟》，代表了林黛玉感叹身世遭遇的全部哀音。

历史百科//曹雪芹与《废艺斋集稿》//

《废艺斋集稿》是曹雪芹的另一部著作，这是关于我国工艺技术方面的著作，流传范围比较窄，读者基本上仅限于爱好技艺的人。曹雪芹摒弃了"百工之人，君子不齿"的封建思想，在书中详细记载了金石、风筝、编织、印染、烹调、园林设计等工艺流程。他编此书的初衷是帮助残疾人，让他们学会一种谋生之技，弥补身体上的缺憾。当时的于叔度是位残疾人，无以为生，曹雪芹便教他扎风筝，以养家糊口。曹雪芹在自序中写道："是岁除夕，老于冒雪而来，鸭酒鲜蔬，满载驴背，喜极而告曰：'不想三五风筝，竟获重酬；所得共享之……'"由此可见，曹雪芹古道热肠，即使身处困境也不忘帮助别人。

少年读全景中华上下五千年·6·明清王朝 ▼ 大清王朝·末代封建王朝的兴衰史 一三四

1895年

"徽"指徽调或徽戏，"徽班"指演唱徽调的戏班。清朝初期，徽调在南方非常流行，随之兴起了很多戏班。乾隆年间，四大徽班进京，二簧这种演唱形式被带到了北京。二簧是一种四平调，由弋阳腔同安徽的某种曲调结合而成，后又与湖北簧州一带的民歌结合。经过安徽、湖北等地艺人们的长期探索与改进，二簧戏终于上了一个新台阶。二簧来到北京后，又逐渐与北方的一些剧种融合，最终形成了被称为中国国粹的京剧。

公元1616年~公元1911年
//////////大清王朝//////////
徽班进京

▼（清）戏衣

故宫中珍藏着大批清代戏衣，这些戏衣是南府和后来的升平署戏班的"行头"，多用华丽的丝织锦缎裁制而成。

四大徽班

清朝初年，苏州地区逐渐成为江南的经济文化中心，苏州的地方戏昆腔经过魏良辅、李玉等剧作家的改进，韵律更加婉转，辞藻更加优美，在该地区拥有绝对的优势。但是，昆腔也有其自身的弱点——它以吴语方言演唱，苏州之外的人根本无法欣赏。于是，其他地方戏曲乘机兴起，纷纷挑战昆腔的主导地位。

到了乾隆年间，以"花部"为总称的各地方声腔剧种蓬勃发展起来，与号称"雅部"的昆腔形成对峙。花部地方戏又叫"乱弹"，它容纳了除雅部昆曲之外的各种声腔剧种。在艺术形式上，为了做到通俗易懂，花部戏当中的梆子、皮簧等剧种已从根本上脱离了曲牌联套的结构。这一期间，花部地方戏形成了三庆、四喜、和春、春台四大徽班。这四大徽班起于安庆地区，但主要在扬州登台表演，以演唱徽调昆曲为主，并逐渐杂糅了一些其他的声腔。

徽班进京

清朝统治者喜欢戏剧，每逢喜庆场合，必请戏班演出。乾隆尤其喜欢戏剧，每次他下江南，地方官都会把江南的各大戏班请到扬州为他演出。

▶（清）《渔家乐》泥塑戏文

制作者是清朝的丁阿金，其泥塑技艺高超巧妙，对人物内心世界的刻画十分传神。这尊泥塑不仅体现出了当时泥塑手工业的高度发达，也表现出了当时戏剧的繁荣。

1790年，乾隆八十大寿，召各地戏班进京祝寿。由扬州盐商江鹤亭组织的三庆班在江南早已名声大震，在高朗亭的带领下，三庆班进京演出。三庆班演唱的腔调广泛，以二簧调为主，也唱昆曲、吹腔、梆子。乾隆的八十大寿办得热闹非凡，每隔数十步就搭一戏台，从西华门一直搭到西直门外的高粱桥。戏台上南腔北调竞技，各种角色争妍。有的亮开嗓子高唱，有的拿起道具舞得眼花缭乱。你唱罢，我登场，令人应接不暇。

北京观众听到徽戏后，被它优美的唱腔、新颖的舞台演出形式、生活气息浓厚的故事所吸引。原本想在庆典结束后返回江南的三庆班没想到徽戏在北京如此受欢迎，便决定留下来，他们的演出极大地丰富了北京群众的文化生活。三庆班火遍京城的消息传到江南后，其他的徽班也跃跃欲试。四喜、启秀、霓翠、和春、春台、三和等徽班先后来到北京演出。京城徽戏的势力逐渐强大，取代了昆曲和弋腔在北京戏曲舞台上的主导地位。在众多的徽班中，以三庆、四喜、春台、和春四大徽班最为有名。

虽然四大徽班都以徽戏为主，但各有所长。三庆班到京城时间最早，扎根也最牢，实力强大，对大戏的整体把握能力强；四喜班最精于昆腔剧目，曲调极佳；春台班的小演员特别多，以青少年演员为主力，擅长表演徽调的三小戏；和春班是由庄亲王府召集徽班艺人组成的，武戏独树一帜，拿手剧目有《水浒》《施公案》《三国》等。所以时人这样评价四大徽班："三庆的轴子，和春的把子（武戏），四喜的曲子，春台的孩子。"四大徽班各有绝招，在戏曲舞台上大放光彩。

京剧诞生

徽班底蕴深厚、技艺纯熟、阵容强大，在北京影响很大。据史料记载，当时戏庄演戏一定聘请徽班，像广德楼、广和楼、庆乐园、三庆园这样的大戏院，也以徽班作为顶梁柱。四大徽班凭借各自的特色在北京戏曲界称雄一百多年。当然，徽班并不是只唱徽调，除吹腔、拨子、二簧、昆曲这些传统腔调外，他们也演唱柳子腔、罗罗腔，以及在北京流行的秦腔、京腔等。

与徽班的兴盛形成鲜明对比的是京城昆弋班、京腔班的衰败。一些曾唱京腔、秦腔、昆腔的演员纷纷加入徽班。湖北汉调也来到北京，与徽班一起登台演唱。此时的徽调已和刚进京时大不相同了，它糅合了楚调、西皮、昆、秦各个唱腔，逐渐形成一种新的剧种——京剧。所以说，没有四大徽班进京，也就不可能有京剧的形成。

清朝末年，徽调和汉调进一步融合，徽班的腔调和剧目愈加丰富，此时，京剧已经形成，它"联络五方之音为一致"，以皮黄为主，兼唱其他曲腔。随着社会的发展，京剧不断地被艺人改进，如今它已成为我国流传最广、影响最大的剧种。

〉〉〉同盟会机关报《民报》在日本东京创立，孙中山在发刊词中提出"三民主义"。

◎ **看世界** / 世界第一条民航客机定期航线开始运营　　◎ **时间** / 1914年　　　　关键词 / 美国佛罗里达州

在政治上，梁启超一贯主张"爱国、救国"，并为中华民族的前途积极奔走，成了近代中国名震一时的政治家。此外，他还是我国著名的文学家，是近代文学革命理论的倡导者。在文学理论方面，他积极宣传西方文化和文学新形式，成为近代倡导文体改革的第一人。他笔耕不辍，留下了大量散文、诗歌、小说、戏曲等，其中以散文成就最大。此外，他还翻译了众多西方文学作品，对我国近代文学的发展产生了重大影响。

公元1616年~公元1911年

//////////// 大清王朝 ////////////

梁启超与新文体

▲ **梁启超像**

梁启超于学术研究涉猎广泛，在哲学、文学、史学、经学、法学、伦理学、宗教学等领域，均有建树，以史学研究成绩最著。

从旧式散文到新文体的过渡

在"桐城三祖"之后，曾国藩等人将桐城派古文继续发扬光大。虽然桐城派在当时具有很大的影响力，但也有人对其持反对态度。冯桂芬就突破了桐城派的樊篱，将"文以载道"进行了更深层次的诠释，即扩大"载道"的内涵，提出"道非必'天命''率性'之谓，举凡典章、制度、名物、象数，无一非道之所寄，即无不可著之于文"。他还主张破除"义法"的僵硬程式，"称心而言，不必有义法也；文成法立，不必无义法也"。他的理论对当时文体的解放有一定的推动作用。

王韬早年曾漫游英、法等国家，在广泛接触西方文学后，他对文体的看法和桐城派有了很大的差距。他在《弢园文录外编自序》中写道："文章所贵，在乎纪事述情，自抒胸臆，俾人人知其命意之所在，而一如我怀之所欲吐，斯即佳文。"古文讲究家法、师承、门户的程式化，他称其为"今世之时文"，而自己写文章则是"以胸中所有悲愤郁积，必吐之而始快"。他的这些主张承袭了袁宏道、袁枚、

龚自珍等人注重真性情与自我的思想。王韬流亡到香港的时候，曾任香港《华字日报》的主笔，评析时政，介绍西方文化制度，在当地影响很大。

这些文章皆可视为从旧式散文到梁启超新式"报章体"的过渡文章。

"文界革命"，成功创造新文体

在资产阶级文化思想的影响下，我国文化领域发生了一场"文界革命"。梁启超不仅举起了"文界革命"的大旗，还成功创造了一种新文体。梁启超曾拜康有为为师，在影响力较大的《时务报》担任主笔，积极宣传维新思想。戊戌变法失败后，他出逃日本，先后创办《清议报》《新民丛报》，评论时政，介绍西方经济、政治学，一心开启民智。此时，他对文字的力量有了全面而深刻的认识。因此，他想使文学变为武器，促进思想启蒙运动的发展。他主张的"文界革命"涵盖面广，包括诗文、小说、戏曲等领域。

在"文界革命"理论的指引下，梁启超创造出了"新文体散文"，以一种通俗而充满激情的文字承载新式思想，梁启超成为"新思想界之陈涉"。他"开文章之新体，激民气之暗潮"，在文

学领域激起千层浪，收获了很多支持和仿效者。梁启超的这种新文体散文是由文言文到白话文的过渡，对我国近代散文产生了重大影响。

梁启超的新文体散文代表作有：《少年中国说》《过渡时代论》《呵旁观者文》《说希望》《变法通议》《自由书》《新民说》等。他在《少年中国说》中写道："红日初升，其道大光；河出伏流，一泻汪洋；潜龙腾渊，鳞爪飞扬；乳虎啸谷，百兽震惶；鹰隼试翼，风尘吸张；奇花初胎，矞矞皇皇；干将发硎，有作其芒；天戴其苍，地履其黄；纵有千古，横有八荒；前途似海，来日方长。美哉我少年中国，与天不老！壮哉我中国少年，与国无疆！"整篇文章洋溢着爱国热情，画面壮丽，文辞精彩，富有音律之美。他将中华民族的希望寄托在当时的少年身上，对未来充满自信和期盼。

梁启超新文体散文的语言比古文要通俗很多，而且脉络清晰，"平易畅达"，能清晰表达中心思想而不避讳繁复。新体散文吸收了俚语和外国语法，并不在意骈散和是否有韵，所以语言丰富、句式活泼，艺术手法多姿多彩，使文章极具表现力。梁启超在新体散文中自由抒发感情、表达看法，不管是新事物还是新思想都"纵笔所至不检束"，因此文章境界开阔，新颖动人；文章感情充沛，大量采用铺排的手法渲染气氛，增加了感染力。

总之，梁启超的新文体散文思想开阔、语言通俗、艺术高超，在当时的文坛上产生了广泛而深远的影响。

▲（清）梁启超《为永轩集宋词》
梁启超一生虽把主要精力放在政治活动与学术研究上，但在政务与著述之余，一直倾情于书法艺术，他认为"写字有线的美、光的美、力的美、表现个性的美"。

◀（清）歙溪苍玉砚
石砚以产地不同而质地有别，著名的有端砚、松花砚、歙砚等。歙砚石质坚韧、润密，纹理美丽，敲击时有清越的金属声，贮水不耗，历寒不冰，呵气可研，发墨如油，不伤毫，雕刻精细，浑朴大方。